大展好書 好書大展

大展好書　好書大展

命理與預言 54

最新占術大全

高平鳴海 等著
楊 鴻 儒 編譯

大展 出版社有限公司

前　言

由於人在生活中會遭遇到各式各樣的困難，因此，常會被不安感所折磨。

這個時候，人會採取什麼樣的行動呢？如果能有向眼前障礙挑戰的動力也就罷了，但不是每個人都能夠這樣做。同時，有時候還會因為找不到解決策略而進退兩難，或者是無法做個決斷而感到困惑。

占卜，是為了使那些煩惱的人得到精神上的寄託，而被發明的文化。在古代到中世紀的社會裡，使用占卜所獲得的結果，往往成為決定國家未來所不可或缺的要素。同時也成為和人們生活密切相關的壓力解消劑。

現代占卜的存在意義和以往有些差別。坦白說，現在已經不是可以完全信任的用來預測未來的手段，不過，在扮演替迷惑的人解除不安的心藥功能上，卻似乎比以前更有效果。

科學雖然使生活更加富裕，但是卻不能預測未來。此時，能使我們奮起的勇氣和自信，就來自於神祕面紗背後的「看不見的存在」。

從以前到現在，全世界創造了無數的占卜，並且延襲至今。從有人類存在開始，占卜或者是類似的咒術即已存在。然而人類為了維持人類的地位，今後還是會創造出新的占卜吧！

本書雖是在解說占卜世界，但並不是要嘗試「讓我們來占卜看看吧」的實用書。儘管我會說明和幾種簡單占卜相關的實踐方法，但基本架構卻仍是以客觀的方法來說明占卜的歷史、理論和哲學，並且對應人生的觀點加以分類。

它不是實踐本，也不是專業書，它只是一本使你親近占卜世界的讀物，你若能發現其中的樂趣，作者就感到十分榮幸了。

高平鳴海

目録

第2章　卜——瞭解對未來事物的對應之道

第3章 相——觀察事物

第4章

類——其他的占卜

目　錄

第1章 命

告知先天的命運

人的命運是否在出生時就被決定了呢？

本章所介紹的占卜，具備了解自己先天的性質，進而探尋前進之道的理論。

西洋占星術

太陽對植物的生成，月亮對潮汐的滿退都有影響……古代人對這樣的宇宙可能感到非常神秘吧！對當時的人來說，能够預知淹沒大地的洪水和強烈的旱災等，應該是最重要的課題。

美索不達米亞地區，很適合成為占星術的發祥地。它的周圍並沒有山峯，因此勾勒出圓圓的地平線。夜晚延伸至天邊的星空，猶如一個渾然天成的天象儀。在如此這般的優異環境下，開始注意地球和圍繞著地球的天體，可說是極其自然的事。

占星術是一門用來解明宇宙、地球和人類間巨大關連性（Synchronisity）的深奧學問。

占星術師們想運用計算和理論來解析宇宙的神祕，這樣的嘗試至今還沒有結束。

探求事物的占星術

占星術又常被稱爲星占術，這是因爲它是從Astrology 翻譯過來的緣故。

「Astro」是意謂著星、天體，「logy」則是意味著學問。因此，還是稱爲占星學較爲正確。

占星術是在環繞地球的行星運行，會影響一切現象的定義下進行占卜。在地球上事件發生的瞬間，其行星的配置位置對此事件的發展就會有持續的影響。

地球是存在於宇宙的行星之一，和其他天體相同的是，它會進行反覆的自轉與公轉。在占星術上，是把地球看成爲所有事物的中心，地球不動，但其他的星星會動，這也就是以天動說的概念爲根本。

占卜的對象可粗分爲個人和社會，下面是表示適合於占卜的領域和事物。

個人……Natal Astroloy

·先天的傾向（性格、健康、體力、智能、才能、遺傳、家族、環境等）。

·後天的傾向（友人、求學、職業、宗教、性、戀愛、結婚、小孩、財產、娛樂、旅行、在國外的幸與不幸、名聲、敵手、訴訟、危害、行蹤不明等）。

社會……Manden Astroloy

·企業、團體（設立、方向性、財產、人事、宣傳、研究、開發、販賣、好感度等）。

·國家（建國、意識型態、政治經濟、法律、議會、軍隊、民衆、交通、同盟國、醫療、福祉、宗教、文化培育、亡命者等）。

・天變地異（氣象變化、地震、洪水、火山爆發、海洋異變等）。

・人爲的變化（流行病、戰爭、航空飛機事故、交通事故、火災、海難事故、核能電廠事故、環境破壞、景氣變動等）。

傾向的占星術

人的誕生也是地球上的現象之一，因此個人的一生，便會被出生瞬間的行星配置持續影響。進行個人占卜的時候，是設定出生地爲觀測地點，而後製成Natal Horosoope（出生天宮圖）。

出生天宮圖是將太陽系的星球位置加以圖表化。只需要觀測這個圖表，就能夠體察個人天生的性格、行動的模式和環境等傾向。

依據星球的運行，人和家人、朋友所背負的星球都相互關連，並進而上演人生的戲碼。出生後的星球影響是意謂著，降臨於個人身上的幸與不幸的種類。或者是表示其時期，或者是表示發生事物的契機，特別是就人際關係來看，若能和對手的天宮圖相搭配，就表示有投緣的傾向。

可是每個人碰到事情的對應方法都有所不同。觀察出生天宮圖就可以看出事情發生時應對方法的差異。

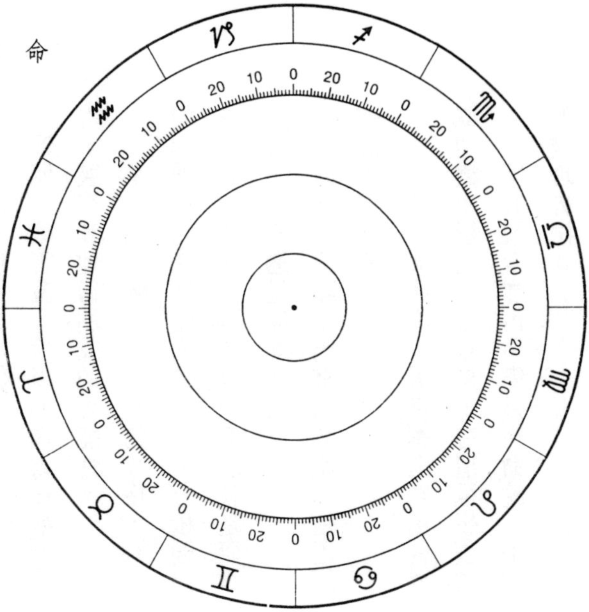

• 天宮圖

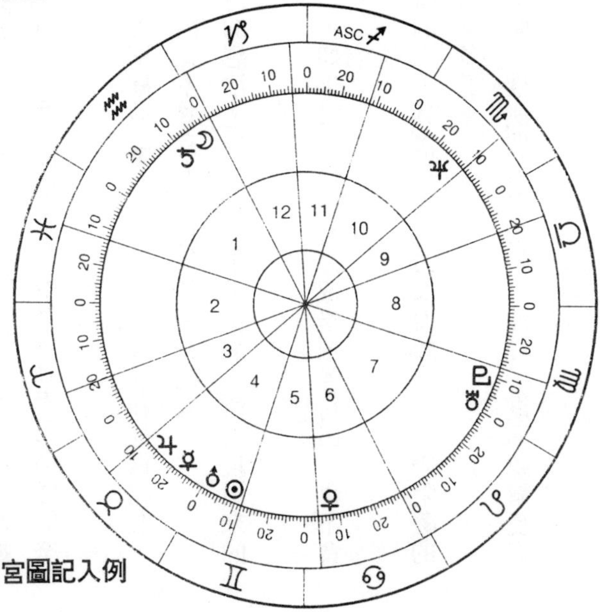

• 天宮圖記入例

自由意志的尊重

在此所使用的「傾向」一詞，具有重要的意義。比方說雖然可用出生天宮圖來判斷「這個人很害羞，所以不容易和他做朋友」，但還是可以依本人的自由意志而積極的努力，製造和他做朋友的可能性。

至於被判斷爲「開放的性格，所以非常受大家歡迎」的人，反而不容易和他做朋友，但因爲他對初次碰面的人都十分積極而努力，因此不會有人認爲他是害羞的人。

如此這般，尊重自由意志就是西洋占星術的想法之一。在出生天宮圖上所表現出來的意思，只不過是傾向而已。

此外，所顯現出來的即使都是正面的暗示，如果沒有經過努力或學習等付出，也不會有太多的收穫的。

同時，那些出生天宮圖上顯示會遇到阻礙的人，其潛在的能力反而較强。克服阻礙的成功機率越大。近年來，有這種想法的人越來越多了。

與其說西洋占星術是宿命論，不如說是解明、推測個人事物的可能性，進而瞭解更好的處理方法。

起源和歷史

美索不達米亞～世界最古老的文明

占星術的明確起源，至今仍無法確切得知。

可是，在美索不達米亞地區的遺跡之中，我們發現了許多有關占星術的文獻。因此，如果問起占星術的發祥地和起源，便可說是世界上文明最古老、並且相當繁榮的美索不達米亞平原。至少在紀元前四十世紀，可能就出現了占星術。因此一般說來，人類在開始有智能，並對天空產生疑問的時候，占星術的歷史恐怕就已經開始了。

在多數和占星術相關，有正確年代考證的出土品中，最古老的便是紀元前二三五〇年左右，古巴比倫王國的阿卡德王朝薩爾恭一世（約西元前二三五〇～二二九四年）的圓筒印章。此外，年代稍近的老薩爾恭（西元前二四七〇～二四三〇年）則保留了世界最古老的和占星術有關的文章。

當時，在非常興盛的巴比倫王國之中，占星技術是由閃系遊牧民族迦勒底人所負責的。迦勒底人在紀元前七世紀，巴比倫第一王朝時代以前，便在此地建立了迦勒底王國。希臘的地理學者斯特拉波（約西元前六四～二一年）在『地理誌』中記載著：「巴比倫王國中存在著被稱爲迦勒底人的哲學集團，他們主要從事天文觀測。同時，其中有些人是以占星術爲職業。」

當時的占星術，是專門用來占卜國家命運或每年收穫等重要事件。除此之外，在東方專制國家中，個人性質的占卜只屬於王族及一部份特權階級而已。

蘇美人～占星術的起源為文明的中心者

至於迦勒底人到底從哪獲得占星術的知識呢？

爲了解開這個謎，不能忽略美索不達米亞地區的原住民，蘇美人的存在。他們發明了楔形文字，是擔負著世界最古老的美索不達米亞平原，另一端文明的民族。從太古時代開始，他們幾乎就可以正確計算出月球的旋轉周期、春分點的移動以及一年的長度等。

紀元前四千年左右，他們已經知道現今星座之中的幾個種類。

蘇美人採用六十進位法，也發明了一打這個商業單位的名詞。十二星座的概念便是從這個單位中獲得的。

可是，當時的十二星座與現在的完全不相同。尤其是牡羊座、處女座、天秤座、魔羯座等完全是屬於後世的產物，它們以前被稱爲傭工座、烏鴉座、鷲座、小鳥座。

現在十二星座的名稱是紀元前二百年以後才開始使用的。然而，當時所對應的行星，也只限於能以肉眼觀測到的水星、金星、火星、木星、土星等五個行星而已，比這些更遠的行星則是到最近才發現的。

爲了要進行占星術的研究，必須先擁有許多資料。開始收集資料就可說是占星術的起

源。可是，蘇美人到底從哪裡獲得那麼發達的天文知識呢?即使依據現在的科學也無法加以解釋說明。

迦勒底人～巴比倫的知識階級

迦勒底人除了精通於天文觀測術和占星術之外，對於醫學、藥學、數學、語言學、政治經濟學、建築學也同樣在行。同時，他們也擔任神官並參與宗教的儀式和祭典。他們在巴比倫人的統治之下，仍然保有知識階級或聖職者階級的地位。

依據希臘哲學家辛布里糾斯所說，在亞歷山大帝國時代的迦勒底人保有天文觀測技術長達一九〇三年之久。

他們以誤差不到一秒的時間計算出月球運動的速度，因而獲得朔望月(＊1)的周期。同時，他們也發現太陽、月亮及其他行星在天上經常依一定的軌道運行著，於是便將這個天體所通過的路線稱爲黃道。

若將三百六十度的圓周平均分爲三十度的十二等分，這些等分便屬於十二個星座帶，此帶的十二個星座記號也是迦勒底人所付予的。有關星星的神話以希臘神話和羅馬神話最爲著名，但這些神話其實都是源自蘇美人。

流浪者與占星術的傳播

巴比倫帝國在紀元前五三九年被波斯帝國所滅。但巴比倫文明卻被波斯文明所保護，因此，占星術便繼續的傳承下去。

之後，馬其頓的亞歷山大大帝（紀元前三五六～三二三年）在紀元前三三〇年滅了波斯帝國。他的東方大遠征將包含占星術的東方文明帶到了地中海區。

在另一方面，成爲流浪者的迦勒底人除了在地中海地區之外，亦流竄到南亞地區。由於他們都精通於占星術，故在各地廣受歡迎，因此，更確立了他們的地位。而巴比倫式的占星術，便因此傳到了世界各地。

傳到地中海地區的占星術，便與從歐洲元年持續到現在的正統派西洋占星術結合在一起。而傳到印度的占星術和密宗占星術結合在一起，密宗占星術傳到日本以後稱爲宿曜道，但與正統派西洋占星術比較起來，其在世界觀的看法上相距甚遠。

希臘、羅馬、埃及

在亞歷山大大帝的東方大遠征之後，東西文化便互相融合，希臘主義文化盛極一時。

希臘文化席捲地中海時，占星術的模式在希臘、羅馬、埃及等地區相當盛行。於是，古代占星術在波斯帝國滅亡的紀元前三三〇年開始，到羅馬帝國衰退期的三世紀之間，就被整理成現在的形式。因此，各國都將現有的占星術形式稱爲希臘羅馬埃及式。

下面我們就對各國占星術的發展作個別的介紹。

・埃及

當希臘文化時代來臨時，埃及正處於托勒密王朝時期。在首都亞歷山大，占星術、自然科學、以及哲學等研究都十分盛行。

自古以來，埃及就出現了以太陽曆爲代表的高度天文知識。外來的占星術也結合了埃及式的理論，因而產生了獨立的占星術。可是，在希臘文化時代以前，巴比倫的占星術到底何時傳入埃及的，我們仍無法正確得知。

在埃及的占星術之中，結合了埃及人的思想以及神話體系，內容相當豐富。可是，現在已經陷入了所謂的非主流狀態。

・希臘

希臘文化占星術的第一主角非希臘莫屬了。同時，當時的希臘（除奴隸階級以外）市民一律平等，所以在埃及，任何人都可以以個人的名義使用占星術。

從紀元前二八〇年左右，在愛琴海東南方的柯斯島設立占星術研究所以來，希臘的占星術便有了長足的進步。占星術的書籍逐一被翻譯成希臘文，同時也培育出許多占星術師。

現在的十二星座也是在當時成立的。所以星座的傳說都是引用自希臘神話。宇宙和人體的相關關係，以及宇宙和金屬間的對應關係也是在此被考證出來的。這種思想被中世紀以後流行的鍊金術(＊2)繼續傳承下去。

在希臘，占星術有和其他一切學問融合的趨勢。亞里士多德（西元前三八四～三二二年）叙述宇宙四大元素，波希客拉底（西元前四六〇～三七七年）則根據占星術寫了一本醫學書。天文學者希巴客斯（約西元前一九〇～一二五年）使天文學脫離占星術而獨立，因而被稱爲「天文學之祖」。他依據春分點的移動發現了現在的星座，以及占星術所使用的星座差距逐年增加的現象。

羅馬帝國代替希臘版圖，自地中海地區向埃及和東方逐漸擴大之時，在埃及活躍的希臘人托勒密（西元一〇〇～一七八年）出生。由於他所著作的『Almagest』屬於天文書籍，所以他是以天文學者著名。同時，他也因占星術教科書『Tetrabibros』這本書而聞名。

他的著作是將巴比倫和埃及的占星術知識集中記載，再加上畢達哥拉斯（約紀元前六世紀）的數學論以及柏拉圖（西元前四二七～三四七年）的哲學論，使内容得到補强。據說這就是現在殘存最古老的占星術課本。

・羅馬

羅馬的元老院曾禁止占星術文獻的流傳及其預言等。但是，在奧古斯丁大帝（西元三五四～四三〇年）的統治之下，占星術便開始滲透於民間。

在羅馬，與其說占星術是學問，不如說是一種具有娛樂性質的文化。不知是幸還是不幸，占星術在羅馬也曾掀起一陣熱潮。同時，占星術也和許多咒術及土著的密教混合，因而產生許多令人倍覺可疑的性質。

由於這股熱潮，占星術廣泛的被人採納，卻有逐漸喪失權威的傾向。因此，造成了世人以警惕眼光看待的情況。這股風潮一直持續到西元三世紀的羅馬帝國衰退期。

初期的基督教世界

占星術是經由希臘、羅馬而傳到世界各地的。這種經過和基督教的流傳有點類似。占星術和基督教在長久的歷史之中，有時會互相攻擊反駁，有時則會互相妥協，進而互相影響。

如希律王（約西元前七四～四年）的學者預言在猶太伯利恒誕生的耶穌・基督（西元前四年～三十年左右），是依據「星之出現」，才知道神子出生的時刻（＊3）。

這就是意味著基督的誕生，也是依據占星術的預言而有的記錄，但與將占星術採納於卡帕拉(＊4)教典的猶太教所不同的是，基督教是不認同占星術。

基督教神學者奧利凱尼斯（西元一八五～二五四年）攻擊說，耶穌・基督之所以受難於十字架上，是因爲占星術師的惡意預言所造成的，其責任相當重大。反之，希臘、羅馬、埃及的占星術師則說：「基督教和占星術不是敵對的，它們是互相妥協的關係。」他們又說聖經的默示錄和占星術的關連性，可稱爲基督教占星術的十二星座與十二門徒的關係(＊5)。他們似乎認爲占星術是科學，因此，即使基督教徒研究占星術也不算犯罪。這便是占星術師的意見。

西元三一三年，羅馬皇帝君士坦丁一世（西元二八〇左右～三三七年）公開承認基督教之後，以聖奧古斯丁（西元三五四～四三〇年）爲中心的占星術異端運動盛極一時，私刑、財產沒收等迫害也開始橫行。

西元三九一年基督教徒襲擊埃及及亞歷山大圖書館，多數的占星術文獻被焚毀。同時，也發生了許多占星術師被虐殺的事件。

儘管如此，此時仍有許多互相妥協的部份。

羅馬帝國沒落後，基督教會對占星術施以更強大的壓力，並規定古希臘的文獻爲禁書，所以在地中海地區的占星術沒落了約五百年左右。

（＊1）**朔望月**：月亮從朔（新月）到下一個朔，或望（滿月）到下一個望的時間。平均二十九天十二小時四十四分二秒八。

（＊2）**鍊金術**：將金、銀等貴重金屬試作成長生不老之萬能藥的技術。以古代埃及爲起源，再經阿拉伯傳到歐洲的原始科學技術。到建立近代科學基礎之前蔓延於整個歐洲。

（＊3）**知道**……『聖經』馬太福音的第二章第七節。

（＊4）**卡帕拉**：猶太教的經典。被傳承了千年以上，擁有口傳的和複合性哲學及宇宙觀有關的文獻。詳細請參見「卡帕拉數秘術」（八十三頁）。

（＊5）**和十二教徒的關係**：例如將牡羊座稱爲聖彼得，金牛座稱爲聖曼德爾等，將一般星座置換爲教徒的占卜占星術。這種置換的方式有相當多種說法。

中世紀～文藝復興

自西元一〇九六年第二世紀的十字軍東征以來，中世紀封鎖的封建經濟被打破，東方貿易因而盛行起來。於是，以義大利佛羅倫斯爲中心的西歐產生了文藝復興運動。古代的遺產逐一的在復活當中，占星術也開始復活。

自希臘文化時代以來，占星術在阿拉伯展開了獨立的發展。首先將占星術推向歐洲的，主要是北非和地中海東方地區的伊斯蘭系天文占星學者集團。阿拉伯人阿布馬歇爾（西元八〇五～八八五年）所著的『占星術入門』，在中世紀初期廣泛地被翻譯。並從西班牙流傳到世界各地。這本書成爲占星術和天文學復活的原動力。

在大學中舉辦占星學講座，占星術師被認爲是專門的講師。西元一一二五年波隆那大學，一二〇五年劍橋大學皆開始教授占星術。從十四世紀到十六世紀，占星術才普遍傳到歐洲各國。

文藝復興時期最大的特徵，就是占星術、鍊金術和魔術儀式等玄妙部份的結合。强調玄妙部份傾向的占星術，到了十八世紀左右仍然保持其模式。

然而到了近世，隨著鍊金術的科學性被否定，占星術也因此喪失其崇高的地位和品位。

■羅馬～天主教之衰退及占星術之妥協

到了西元一四〇〇年左右，羅馬天主教逐漸喪失權威。

占星術是科學與否，這個話題至今仍頗具爭議性。原本羅馬教廷也有將占星術列入科學的想法，但隨著占星術教廷逐漸喪失權威，加速了基督教與占星術的融合。而占星術師也逐一被任用。

但丁（西元一二六五～一三二一年）所著的『神曲』，主要是描繪天主教的生死觀，其中不乏占星術的用語。從這裡我們可以看出天主教與占星術的融合。

然而，新教徒開始不斷批判天主教的崇拜偶像及玄妙層面，並迫害巫師及占星術師。

狩獵女巫

自從馬丁路德（西元一四八三～一五四六年）在一五一七年倡導「宗教改革」以來，全歐便制定了「女巫禁止法」。不僅是和占星術一切有關的行業均有罪，與其有關的書也被認定爲禁書。在各地都已實施了類似的措施。

到了一六〇〇年代，新教徒們到美國找尋新天地之後，仍然繼續狩獵迫害女巫。至今，「女巫禁止法」仍殘存於英國等地。雖然遭到迫害，占星術師們仍不斷的深入研究。當時的占星學和卡帕拉有密切的關係，沒有卡帕拉的世界觀，就無法談論占星學了。

阿庫利巴（西元一四八六～一五三五年）以及其門徒弟子巴拉克斯（西元一四九三～一五四一年）等隱密哲學者被稱爲秘術師。他們除了是醫學者、自然科學者之外，同時也是占星術師。阿庫利巴等人以研究猶太教教典，並依據自亞里斯多德以來的宇宙四大元素研究鍊金術而聞名。

同樣也是占星術師的加達諾（西元一五〇三～一五六六年），在他所著的『誕生占術之實例集』中，作出了耶穌基督的出生天宮圖，結果因不敬這個罪名在一五七〇年被關入獄。同時，他所著的書也被列爲禁書。

文藝復興時期最偉大的預言家諾斯托拉姆斯（西元一五〇三～一五六六年），其成就是相當著名的。他一面推行撲滅鼠疫運動，一面當巡迴醫師，到法國、義大利等地旅行。

耳聞他名聲的國王亨利二世的王妃凱珊玲·麥第奇（西元一五一九～一五八九年）便邀請他到宮廷，對王妃之子的王位繼承問題作預言。此時，他所作的不祥預言逐一應驗。於是，諾斯托拉姆斯的地位因而更加確立。在他所著的『諸世紀』中，以難以理解的四行詩表現，重要的地方則採用占星術用語。

「西元一九九九年七月天將降下恐怖大王……」這是相當著名的一節。實際上在一九九九年七月天上會出現所謂超大十字的影像（多半的行星都集中在黃道十二宮中的不動宮，因而行成十字的形狀），因此，占星術所預言的大凶便產生了。

新事實之發現

自從西元一六〇四年荷蘭發明望遠鏡以來，天文學以飛快的速度向前躍進。從十六世紀到十七世紀之間，著名的天文學者輩出。他們亦屬於占星術師，因此，隨著占星術的發達，地位也日漸重要。然而，因爲新事實的發現，他們對於自己是占星術師這個事實懷有相當複雜的心情。

首先是始終被認爲正確無誤的哥白尼（西元一四七三～一五四三年）的地動說，被伽利略（西元一五六四～一六四二）所提倡的天動說所推翻，因而天動說支持的占星術便遭到重大打擊。

是天文學家又是占星術師的克卜勒（西元一五七一～一六三〇年）發行了『占星學更確立的基礎』及『宇宙的秘密』二本書。這些書籍用現代占星術建立了重要的行星間的角度理論。

「天文學爲賢明之母，占星術則是愚蠢的女兒。可是如果女兒沒有賺錢買麵包，母親可能就得挨餓了。」

……從這句話中我們便可推察出克卜勒矛盾於天文學和占星術之間，並因此造成困擾的情況。

當時，天文學者和占星術師之間並沒有明確的界限。除了克卜勒之外，牛頓（西元一六四二～一七二七年）和倡導地動說的哥白尼也都認真的研究過占星術。占星術師們爲天宮圖下了「從地球上所能見到的天空之圖」的結論，因而超越了地動說的障礙。然而，因爲這句解釋天宮圖的話，可能會讓人誤解爲信奉天動說的說法。

天文曆的發行

整理『基督教占星術』的英國人威廉·利力（西元一六〇二～一六八一年）出版了英文版的『天文曆』，使任何人都能輕易的作成天宮圖。

據說他當時在英國是著名的占星術師，他的天文曆賣出了三十五萬本之多。而利力也認為提起諮詢問題的那一瞬間，天體的配置也有其意義。因而發明了諮詢問題場所的天宮圖及占卜事物的天宮圖占星術。

他預言的命中率及社會的評價都相當高，連對占星術沒有好感的清教徒都相當支持他。清教徒革命內亂時，聽說他對敵對的王黨和議會黨都曾進行過建言。也有不少的占星術師像這樣，因基督教對其有好感而沒有遭到女巫禁止法牽連。

新星的發現

到了西元一七〇〇年代，望遠鏡更加發達。天文學隨之進步，新的行星便逐一的被發現。當時發現的星球如下：

西元一七八一年　天王星
西元一八〇一年　小行星　穀神星
西元一八〇二年　小行星　Pallas

西元一八〇四年　小行星　婚神星
西元一八〇七年　小行星　灶神星
西元一八四六年　海王星
西元一九三〇年　冥王星
西元一九七七年　奇隆星

由於如此，占星術遭到了相當大的打擊。因爲過去占星術僅用到天王星內側的五行星和太陽、月亮而已。因此，占星術勢必需要改變其理論。

於是，根據新的行星被發現時間的時代背景，改變了過去所付予行星的意思等等，進而克服了種種障礙。至今仍有些占星術師們認爲應該還有二個行星没被發現才對。

近代哲學的抬頭

自十八世紀到十九世紀初期是產業革命的全盛時期。此時的西歐便產生了實證主義(＊6)。依照占星術的手法，對於行星和人類的關連性並不能作實證證明。

因此，占星術被認爲是迷信並且被學術界所排斥。但另一方面，純粹爲自然科學的天文學卻被認爲是研究宇宙的重要學問，因而廣泛的被社會所認同。

過去多使用天空中的假想點作占卜的占星術，雖然想改變爲使用真實的行星來應對社會的變化，但仍無法避免衰退。

到了西元一八七五年英國設立了神智學協會組織，占星術學術性質的研究因而復活了起來。其中亞蘭・雷奧（西元一八六〇～一九一七年）便是神智學協會出身的著名占星術師。他寫了一本關於建立預知未來新想法的書『進行的天宮圖』。同時，他也出了一本『出生之鑰』，專門收集、考察同年同月同日同時刻出生，被稱爲Timetwin 人們的記錄。他的這些書，即使到了今天，仍有人在使用它。

世界大戰和占術熱潮

於是資本主義發達所造成的貧富差距，而使得對科學上合理主義的社會感到失望的人們，便逐漸將焦點放在追求占星術的活絡上。

從西元一九一四年第一世界大戰爆發，到西元一九四五年第二次世界大戰結束的三十年之中，全世界引發了一股占術熱潮。

■ ■ ■

＊6 **實證主義**：從科學上被證實的事物出發，來明確化其間的恒長性關係及法則性。或者以嚴密的技術爲目的，站在排除一切超越性、形而上學想法的立場上。

聽說西元一九三五年，受到占星術影響的西洋手相術「奇洛曼稀」或者是「奇洛庫諾密」，在當時的法國十分流行，因此巴黎非常盛行看手相。

美國則是以一九二九年的經濟大恐慌爲界線。此後，在華爾街的占星術師們廣受歡迎。依據一九四三年的調查，占卜人口竟達五百萬人，並在一年間形成了約二億美元的占卜市場。

而德國在希特勒的政權下，占卜雖然被禁止，但希特勒（西元一八八九～一九四五年）本人則對占星術相當迷信。他聘請以數理統計學採納占星術而聞名的克勞特等五位占星術師爲顧問，作爲戰術的指導者。

而英國首相邱吉爾（西元一八七四～一九六五年），同樣的也將占星術師雇用爲情報局職員，並企圖借此鑽進敵人的漏洞。

其他各國也紛紛爲了自己國家的軍隊而雇用占星術師。當時的人們可說是舉國一致的熱衷於占星術。

「占星術」和研究團體的設立

隨著西洋占星術的一般化以及報刊界推行的普及化，因而產生了占星術或者是「日輪占星術」等稱呼。

例如像「〇〇座出生的性格」這樣的占法可能大家都有見過。這種占法是依據我們出生日的太陽宮所做的判斷而已，因此，雖然擁有使西洋占星術普及化的功績，但其方法論仍太過粗糙。有鑑於此，世界各地便開始設立保護占星術本流的研究團體。

其中著名的團體有美國的ＡＦＡ以及英國的ＡＡ。

・ＡＦＡ（美國）

西元一九三八年，在華盛頓設立了美國科學性占星學者聯盟ＡＦＳＡ（American Federation of Scientific Astrologers）。後來公益法人將其名稱改爲美國占星學者聯盟ＡＦＡ（American Federation of Astrologers, Inc.）。

ＡＦＡ的會員數大約四千名。在每個月的月初（朔日）發行會報『AFA Bulletin』，每二年舉辦一次大會。這種大會是在五天之內約請二百位講師舉辦四百席講座。

希望入會的人必須獲得現任會員的介紹，並且得簽下誓約書才行。長久以來，只有住在美利堅合衆國本土的國民才有擔任理事的資格。但在西元一九九〇年，日本人石川源晃（西元一九二一年～）被選爲第一任外國的理事，同時，他也是首位外國理事。

・ＡＡ（英國）

西元一九五八年，英國的倫敦設立了占星學協會ＡＡ（The Astrological Association）。除了每年發行機關雜誌『THE ASTROLOGICAL JOURNAL』六本之外，每一年均召開大會。這些會議是在二日之内舉辦約十席的講座。

時代的潮流

第二次世界大戰結束之後，各國對過去進行反省，於是，和平的色彩便日漸濃厚。在戰術方面，使用占星術成爲被批判的對象，包括天文學會、社會心理學會、自然科學協會等在各方面皆强調占星術的迷信。

可是，出現在所有媒體上的占星術卻廣受人們歡迎。因此，在雜誌等媒體上，占星術已成爲不可或缺的内容了。

西元一九七五年，爲占星術熱潮擔憂的科學家，以及諾貝爾獎得主們，發出了責難占星術的特別聲明。

可是，大學之中卻設立了占星學講座，伊莉莎白女王和雷根總統夫人亦受到占星術的建言，而華爾街的股票和占星術也有關聯等等。這就是歐美各國的現實狀況。現在，占星術在歷史上及文化上有不可分割的關係，所以，科學家與占星術師的論戰今後仍會不斷的持續下去。

至於在實踐方面，西元一九六七年西德雜誌便刊出第一份使用電腦作成的天宮圖。而以美國爲中心的電腦占星術成長快速。同時，各式各樣的占星術電腦軟體也陸續被開發，現在要找到需要作種種複雜計算的占星術電腦，是相當不容易的一件事了。

現在的占星術

在西元一九七七年，因爲受到英國AA的援助，澳洲的狄恩（西元一九四四年～）發表了檢討大多數占星術的文獻『最近占星學的進步』。

狄恩在這本書之中批評說，在西元一九七〇年以前所發表和占星術有關的論文都太過主觀。其中也有提到現在的科學家之所以對占星術加以批判，是因爲那些占星術的研究者不會用科學的方法所造成的。

由於受到這種批判，最近占星術師們紛紛使用計量科學或統計學等科學層面的技法。

法國的心理學家米雪爾·戈庫蘭（西元一九二八～一九九一年），起先他並不信占星術。他爲了打擊占星術，收集約五萬人的出生記錄，並使用統計學研究其出生天宮圖和個人最後所選擇的職業種類之間的關連性。

可是，經過研究之後，他發現這之中的關連性是存在的。因此，他反而轉變成占星術的擁護派。

後來，英國的占星術師約翰·雅迪（西元一九二〇～一九八二年）將各種研究資料以數學的手法加以解析，發表說在傳統的占星術法則之中，有一種可以依靠科學來證明。

日輪占星術的可信度

德國的心理學者漢斯・艾森克（西元一九一六年～）非常注意星座和人類性格之間的關連性。他從西元一九七七年便開始不斷的研究並發表其結果。依據他發現的結果顯示，太陽星座宮屬於奇數的人比屬於偶數的人積極。這表示了日輪占星術具有相當的可信度。然而，也有一些科學家批評說，理論上這樣區分人類的類型太過簡陋。其實，人類和占星術之間的關係是相當複雜的，因此，占星術還是以確實的天宮圖作爲參考才好。

心理學和占星術

占星術和心理學都是爲了要研究理解人類更深層的心理所發展出來的方法。

瑞士的心理學家容格（西元一八七五～一九六一年），由於他非常注意個人占星術，因此將占星術導入了心理學的世界。

他透過實驗將占星術所表現出來的象徵和心理學所表現出來的象徵結合在一起，想藉此解讀人類的心理。這被稱爲Psychological Astrology（心理占星學）。至今容格派的心理學家仍在心理學與占星學之間作持續的研究。

我們之所以會和某人談論令人頭疼的煩惱時，應該是處在情緒不安或者是痛苦的情況之下才對。所以占卜的人不應過分煽動其恐懼的心情，即使有不好的預兆，也應該避免讓對方失去希望。擁有這些想法的占星術師們為了要讓自己有衆多的商討對象，因而開始學習心理學。

今後的占星術

因為實證主義而遭到挫折的占星術，近來因採納了科學的手法而復活了。科學就是在假定之下進行研究的學問。占星術則是由巴比倫流傳下來的占術作為理論，並由此來證明事實。而大部份被發表的占星術理念，也是為了科學性的證實而持續在進行研究中。

在資訊發達的社會下，是由於亞歷山大大帝遠征，而促使印度等地區也掀起了研究東洋占星術的熱潮。

同時，因為心理學的發達，使得占星術成為更令人信賴的傾訴者。

今後，雖然同屬占星術師，但可能會區分二種類型，一種是進行大範圍占星術研究的研究者，另一種則是對個人性質的占卜進行研究的諮商者。

日本占星術的歷史

如果說日本沒有占星術的歷史，可能略嫌誇張。事實上，雖然占星術曾經輸入日本，但是卻無法紮根。這可能和各國的國情有關吧！

由於日本的氣候高溫多濕，夜晚的天空並不是很美，但是許多人對星星仍有極大的興趣。因此，須要正確行星運行的占星術便無法在日本發達了。其中也有不少人將北斗七星看成是妙見菩薩的信仰，但是仍然無法根深蒂固的存在日本人的心中。

至於傳給日本許多文化的中國，天空塵埃相當多，亦不適合觀察星星。不過，在中國產生出一種使用行星來占卜的占術，其稱爲四柱推命（＊7）。但和西洋占星術不同的是，四柱推命並不是很重視天體運行的角度。

同時，西洋人是爲了追求真理而口若懸河議論不休的民族。然而，這對於民族性重尊重卻迷糊的日本人來說，精確度相當高的西洋占星術或許過於嚴格，在日本可能不會受人歡迎，因此始終無法落實。

■占星術和陰陽思想

根據『日本書紀』記載，西元六〇二年（推古十年）百濟的僧侶勘勒，將曆、天文、地理、遁甲（＊8）、方術（＊9）等傳到日本。而占星術也隨著曆、天文等知識一塊傳入。

另外，『日本書紀』也記載著西元六三九年（舒明十二年）二月甲午（七日）是「星日月」。這可以說是日本最古老的天文觀測學的記錄。

日本占星術之所以稱爲陰陽道，是根據中國古代所產生的陰陽五行說（＊10）而來的。

所以，陰陽道就是處理天文或是筮法（＊11）方面的事。在日本，占星術是以此陰陽思想（＊12）為根源的。

西元六七五年，天武天皇設立了占星台以及稱為陰陽寮的官僚組織，而研究陰陽道的人被稱為陰陽師。

在西元七〇一年的大寶律令和西元七一八年的養老律令之中，陰陽師曾被任用為國家官僚機構的公務員，而陰陽思想也隨之滲透到日本人的生活之中。

根據律令制，陰陽寮被安置在中務省之中。陰陽寮可分為負責占筮及地相鑑定的「陰陽道部門」、製作曆法的「曆道部門」、擔任觀測天文的「天文道部門」、負責計算時刻的「漏刻部門」等四個部門。這個組織與屬於神祇官的龜卜專家所管轄的卜部，皆屬為對應國家占卜大事而組成的組織。

陰陽寮這個組織是仿效中國唐代的制度。在唐代，這個組織是負責天文觀測以及時間管理等事項。然而相較之下，日本占術部門的特徵是以陰陽道部門為重。

本來占星術必須以天文觀測為基準才對，但是忽略了天文觀測的日本占星術，卻逐漸與占星術以外的陰陽道占術混合。

占星以外的占術和咒法總稱為咒禁道。這就是所謂的驅除病鬼、惡魔、敵人等的思想以及方術，在治療法、施藥、方位學等方面則融合了咒術及密宗。咒禁道是在平安初期從官僚組織中被排除，進而被陰陽道所吸收。因此，在日本的占術和咒術都是由陰陽師所掌控。

當時的陰陽師所使用的占星術是屬於在中國前漢時期成立，被稱爲式占的範圍。式占所使用的方法是將稱爲式盤的圓盤道具放在方形的地上，使圓盤回轉組合成北斗七星、十干十二支或陰陽道的神們，以及行星上的神們，因而加以判定占術。但這種占術在十世紀時左右便衰微了。

■ ■ ■

（＊7）**四柱推命**：流傳於中國的一種占術。詳細請參照「四柱推命」（六十二頁）。

（＊8）**遁甲**：使身體隱形的妖術。也有人稱之爲忍術。

（＊9）**方術**：製造長生不老藥的方法及一切神秘的神奇法術。後來被道教所採用。

（＊10）**陰陽五行說**：中國古代的哲學思想。認爲萬物是從陰陽二氣所產生的，並依據木土火金水這五行的消長而有所改變。

（＊11）**筮法**：是一種使用筮竹占卜的法術。詳細請參照「易占」（一一八頁）。

（＊12）**陰陽思想**：中國古代的哲學思想。本是指氣象中的明與暗，象徵著陰與陽、男與女的互相對立但卻相合。其認爲萬物皆由此二氣所產生，在陰中有陽、陽中有陰，諸如此類的不斷循環。

日本最古老的天宮圖

現在日本最古老的天宮圖，是取自於續群書類從九百八所收錄的宿曜命運勘錄，其中記載了西元一一一二年十二月二十五日丑時出生的男性宿曜圖。

可是當時日本的天文觀測術非常落後，依照現在的研究發現其中錯誤百出。當然，對占星術而言，天文觀測的不完備便是最大缺點。

正因爲如此，到了室町時代宿曜道就完全消聲匿跡了。而天文學的研究也隨之衰微。但是聽說擁有占星術知識的真田幸村（西元一五六七～一六一五年），曾經依據木星的運行預測出德川軍會獲得勝利。

這意味著占星術仍被多數的好奇者研究著，因而勉强的持續流傳下去。

至於真田幸村，由於預測出戰爭會輸，因而投靠了對其有恩的豐臣軍。到了江户時代，天文學再度復活。但是以占術爲例，是依據曆法來占卜吉日凶月爲主流。

日本的西洋占星術

西元一九二一年，出版了第一本由日本人所著作的西洋占星術解説書『依據天文運勢預想術』（隅本有尚著）。

但是，當時的日本已擁有易及四柱推命等東洋占星術，西洋占星術並未相當普及。

西洋占星術開始被注意，是在第二次世界大戰以後的事了。

西元一九五七年，亞英特・S・阿里與潮島郁幸合著『生日的秘密』，成爲戰後第一本出版的占星術書。西元一九六三年，由潮島郁幸所著的『最新占星學』出版了，這是一本相當專業的參考書。到了西元一九六五年左右，開始研究西洋占星術的日本人逐漸增加。潮島氏先生便設立了專門培養占星學人才的日本占星學研究所。

到了西元一九六六年門馬寬明出版『西洋占星術』的時候，西洋占星術的熱潮便如火如荼的展開了。之後，門馬先生設立了明暗塾，正式開始培養弟子。

■現代日本的西洋占星術師

曾拜潮島幸郁和門馬寬明爲師的人，在現代的日本相當活躍。其中以路魯・拉布亞、訪星珠、流智明、紅亞里等人較爲著名。

撰寫『占星學入門』的石川源晃是獨學派的人，但他不僅建立了占星術的新理論，還擔任過美國占星學者聯盟（ＡＦＡ）的理事，成爲國際派人士。

路涅・凡達爾・渡邊以及艾密・雪拉沙特等人對占星術的普及化都有卓越的貢獻。

擁有火箭博士之稱，組織工學研究所的系川英夫先生，著作了『細密占星術』這本書，並和Sony 公司合作成爲日本研究占星術的先驅者。

刊載在各雜誌的占星術都是以日輪占星術的占星主體爲主流。羅曼蒂克的西洋占星術特別受到女性的歡迎，在女性雜誌以及早晨的電視綜藝節目之中，占星專欄已成爲不可或缺的內容了。

同時，有關占星術的專門書籍也發行了許多種類，任何人都能輕易的買到有關占星術的資訊或者是實踐方法。

不論東方或是西方，政治家或是演藝人員，占星術似乎廣受大家喜愛。在日本也不例外。近來西洋占星術師似乎較東洋占星術師受到重視，今後爲了要體察社會世態，西洋占星術的研究可能會更盛行。

黃道十二星座和黃道十二宮

太陽系的構造已成爲一般的常識，相信各位都已經清楚了。以太陽爲中心，由水星、金星、地球、火星、木星、土星、天王星、海王星、冥王星、小行星等各別在其軌道上公轉。同時，月球環繞在地球的周圍，是地球的衛星。這些行星的運行會給予天宮圖相當的影響。

在占星術所使用的天宮圖中，爲了方便起見，將地球視爲一個不動的實體描繪出來。因此，所見到散開的天體，也都被認爲是從地球上所見到其外觀上的速度及動向之運行。

●從地球所看見的天宮圖

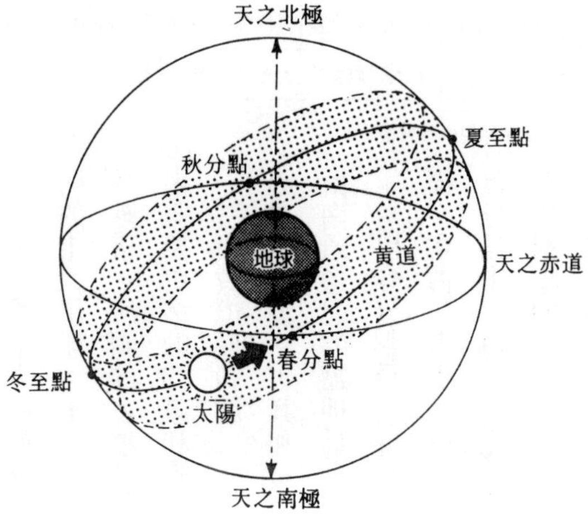

●黃道十二星座

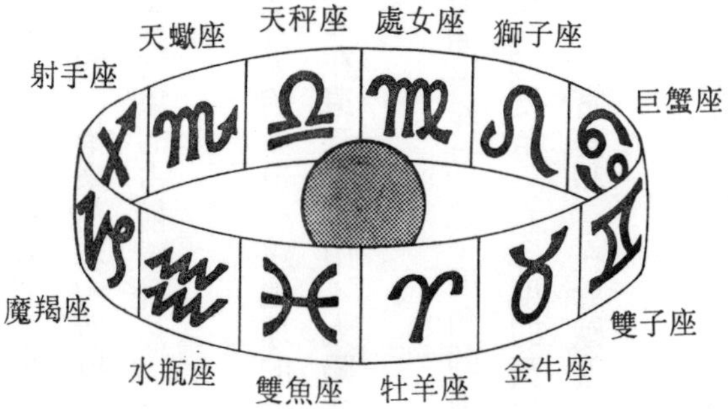

●黃道12星座和黃道12宮的對應

牡羊座	金牛座	雙子座	巨蟹座	獅子座	處女座	天秤座	天蠍座	射手座	魔羯座	水瓶座	雙魚座
白羊宮	金牛宮	雙子宮	巨蟹宮	獅子宮	處女宮	天秤宮	天蠍宮	人馬宮	魔羯宮	水瓶宮	雙魚宮

※12星座和12宮在日本是採用中國名稱

例如說實際的天體經常不停的運行，但有時從地球看來卻好像停止一樣，或者是呈逆行狀態。

天宮圖上太陽的通道稱爲黃道。在這個帶狀的圓環上存在著由恒星散開的十二星座。十二星座中大部份以動物的名稱來命名，所以此帶又被稱爲獸帶。所謂的占星術是指以這個獸帶爲對象的占術，可是，真正的占星術需要更多的知識和資料。

自黃道傾斜約二三度三十分的地方有天的赤道（將地球的赤道直接投影在天宮上），其和黃道有二點交錯點。在這二點之中，太陽從天之赤道由南通過北的點稱爲春分點。

以春分點爲〇度順著黃道向東方沿伸，在三六〇度角的地方稱爲黃經。在占星術中，以春分點爲起點的黃經〇度至三六〇度的黃道圓，將其等分爲十二份，稱爲黃道十二宮。黃道十二宮是和存在於獸帶的十二星座互相對應的。

將圓圈十二等分的圖依據特定的原則寫上各種資料，這便稱爲天宮圖。占星術師是觀察完天宮圖來判定各種事情的。

基本上要看行星的配置來判定。但依照占卜的內容來說，會出現較爲重視的行星。例如要占卜學問的時候，要以水星和其他角度爲中心加以觀察。

黃道十二宮所象徵的對象

爲了要實踐占星術（使用電腦更加方便），須要非常多的資料。但其最根本的仍是十二星座和十二宮。其所附隨的日期是表示太陽通過某一宮的時間。例如，出生於一月一日的人便擁有魔羯座的太陽。太陽是表示其個人的本質，因此，其個人的本質會被魔羯宮所支配。當然，人並不能依靠其本質來生活。前面所介紹的日輪占星術就是依照這種太陽宮來判斷而已，所以會較爲混亂。但是太陽宮的存在對於判斷天宮圖還是相當重要的。

在此我們來說明有關十二星座的神話、特徵以及象徵等來觀察你的本質。

太陽通過某宮的時期，由於年份不同而有微妙的差距。生日相當於以下的宮時期，可依照專門書籍確認。

白羊宮

・神話

塞沙利國的國王亞當莫斯有一對兒女，普利克斯和海蕾。有一次兄妹在繼母伊諾的計策之下，差一點成爲犧牲品。得知這個情形的生母妮培蕾便派遣會飛的金色羊解救他們兄

3月21日～4月20日	白羊宮	9月24日～10月23日	天秤宮
4月21日～5月21日	金牛宮	10月24日～11月22日	天蠍宮
5月22日～6月21日	雙子宮	11月23日～12月21日	人馬宮
6月22日～7月22日	巨蟹宮	12月22日～ 1月20日	魔羯宮
7月23日～8月23日	獅子宮	1月21日～ 2月18日	水瓶宮
8月24日～9月23日	處女宮	2月19日～ 3月20日	雙魚宮

妹倆人。載著兄妹倆的羊一直飛翔在天空之中。但是在途中妮培蕾因暈眩而墜海死亡。羊就鼓勵著呆然的普利克斯，並且繼續飛行。因爲這樣普利克斯才能到達黑海東岸的克基斯王國。這隻勇敢的羊就成爲牡羊座的象徵。

•性質

關鍵語I am（我有：主張）。以人的一生而言，相當於被本能所支配的幼兒期。

積極的、進步的、充滿開拓精神、決斷力强、脾氣暴躁、小氣。

金牛宮

•神話

有一次全能的神宙斯喜歡上一名美女。她就是腓尼基王的女兒歐羅巴。對她一見鍾情的宙斯便變身爲一隻白牛以接近她。當歐羅巴騎到這隻牛的背上時，這隻牛突然以猛烈的速度狂奔而出，並且渡過海洋把她劫走。這隻變身的牛就是金牛座的象徵。

另一個説法是服侍宙斯妻子赫拉神殿的女巫伊俄所變身象徵。伊俄是宙斯的愛人，並且一直保持私通的關係，於是被憤怒的赫拉變成爲金牛。

• 性質

關鍵語I have（我擁有：所有）。以人的一生來説，相當於五官發達的幼兒期。

保守的、意志堅强、具忍耐性、溫和、喜歡感覺上的快樂、擁有審美眼光、陰險、好嫉妒。

雙子宮

• 神話

宙斯有二個兒子，一個叫卡斯托，另一個叫波拉克斯。他們二人是雙胞胎。卡斯托是馬術高手，而波拉克斯則是拳擊高手。他們經常一起行動，並且以勇敢聞名。有一次他們因爲牛的分配問題被捲入一場糾紛。於是卡斯托便因此被殺死了。

宙斯想把波拉克斯帶到天上，使其成爲永生不死之人。但是波拉克斯不願意，因此宙斯便想到一個計策，他把不死分配給這二個孩子。結果兄弟二人每隔一日就住在天上成爲神，剩下的時間便住在地上。於是卡斯托因而復活。

這對兄弟就是雙子座的象徵。

期。

・性質

關鍵語I think（我思考：思考）。以人的一生來說，相當於知識慾最旺盛的學童時期。

知性的、好奇心强、喜歡說話、好辯論、擅長寫作、靈活、有雙重性格、不安定、輕浮、神經過敏。

巨蟹宮

・神話

宙斯之子，希臘神話中最偉大的英雄海克力斯，他的一生完成了十二項偉業。其中的第二項偉業「消滅亞格斯的九頭蛇」就是巨蟹宮的故事。海克力斯和九頭蛇大戰的故事，當時有一隻幫助九頭蛇的一隻巨蟹出現，結果這隻巨蟹最後被海克力斯踏扁。這雙巨蟹就是巨蟹座的象徵。

・性質

關鍵語I sense（我感覺：感應）。以人的一生來說，相當於要求父母保護，依賴心和獨立意願搖動的青春期。

具母性防衛本能、顧家庭、順應性、感情豐富、排他性强、膽怯。

獅子宮

・神話

海克力斯十二項偉業的第一個偉業「打死尼米亞獅子」。海克力斯打死了吃人的獅子。住在尼米亞森林的獅子是爲不死之身，人們對其都相當恐懼。海克力斯在很困難的情況下把獅子勒死了，然後他便剝去獅子的皮，將它終生穿在身上。這隻獅子便成爲獅子座的象徵。

・性質

關鍵語I will（我志願：意志）。相當於人一生之中，對戀愛、藝術、運動等都很熱衷的青春期。

具父性、統禦力强、具支配性、威嚴、可靠、活動力强、華麗、傲慢、謙虛。

處女宮

・神話

豐饒女神狄米特有一個女兒叫波希芬尼。

波希芬尼相當可愛，後來被地獄之王哈得斯擄走。豐饒女神狄米特非常悲傷，大地因而變成一片死寂。爲此感到相當困擾的宙斯便警告哈得斯，要求他把波希芬尼還給狄米特。然而，哈得斯卻給這個少女吃冥界的石榴果實，吃冥界果實的少女必須有一年的三分之一天住在冥界才行。於是，冬天這個季節就成爲狄米特想念波希芬尼的悲傷時期。這對母女的混合就成了處女宮座的象徵。

・性質

關鍵語I analyze（我要調查：分析）。相當於人的一生之中，爲了維持生活而勤於工作的青春後期。

纖細、富正義感、嚴格、保守的、潔癖、規矩、文靜、處事能力强、完美主義、具批判性、嘮叨、易謠言中傷、冷淡。

天秤宮

・神話

正義女神亞斯托蕾亞掌管判斷人間善惡的任務。當時的人們在奧林匹斯山神的統治之下，過著和平的生活。但是隨著時代的變遷，墮落和鬥爭充斥人間。審判人間正邪的亞斯托蕾亞，祂的天秤也偏向惡的一方，絕望的衆神皆紛紛升天避難，而亞斯托蕾亞仍一直滯留在人間。最後，祂也升到天上了。這個天秤就是天秤座的象徵。

・性質

關鍵語I weigh（我測量：比較）。以人的一生來說，相當於結婚時，在情緒和經濟方面都很穩定的成熟期。

調和、優雅、有秩序、好禮儀、城市性、平和、中庸、愛慕虛榮、怠惰。

天蠍宮

・神話

奧利安是無人可及的勇者及美男子，然而祂惡劣的品行以及粗暴的行動令衆神憎惡。於是衆神便想懲罰祂。但祂力氣之大無人能比，所以王妃赫拉想出一計，命令一隻有毒的蠍子擔任此任務。蠍子爬到奧利安的足下並將毒針刺入。這個粗暴的人終於敵不過蠍子的毒針而當場倒在地上。

這隻蠍子獲得了殊榮，並且成爲天蠍座的象徵。

・性質

關鍵語I desire（我求：慾望）。相當於人一生之中，繼承先人業績或遺產傳承給下一代的壯年期。

神秘的、具性魅力、不愛說話、探求心强、洞察力强、體力强、好記仇、極端、具犯罪性、殘忍。

人馬宮

・神話

海克力斯偉業之中的第四項就是「活捉艾立曼多斯野豬」。海克力斯在解決這個難題的途中與半人半馬的狩獵族Kentauros一族起了爭執。在這場戰爭之中，海克力斯失手以毒箭將曾爲其師父的賢者凱農殺死。凱農擅長於醫術、弓術、音樂等項目，是很多英雄的老師。這半人馬就成爲射手座的象徵。

・性質

關鍵語I see（我懂：理解）。相當於人一生之中，追求更高度的人生哲學，並向人生更大課題挑戰的中老年期。

具理性及本能的二面性、自由奔放、喜冒險、開放的、樂觀、博學、好哲學、理想主義者、喜愛運動、寬容、率直、浪費、任性、自大、怠慢、喜歡流浪。

魔羯宮

・神話

有一次，衆神在尼羅河的岸邊大擺盛宴時，牧羊神潘也吹著祂最喜愛的牧笛共享盛宴。此時，怪物狄龐突然闖入，吃驚的衆神立刻變成鳥或獸逃走了。但潘因爲太過慌張，

而變身成上半身山羊，下半身魚的奇怪姿態。祂所變成的東西便成爲魔羯座的象徵。

·性質

關鍵語I use（我使用：使役）。以人的一生來說，相當於已累積多數的人生經驗，而智慧成熟、肉體老化的老年期。

勤勉、慎重、有效率的、客氣、傳統、保守、有耐心、有野心、大氣晚成、吝嗇、嚴格、冷淡、孤獨、樸素。

寶瓶宮

·神話

建立特洛伊王國的特格斯之子甘尼美，祂的美貌和賢明是無人能比擬的。好色並有同性戀傾向的宙斯，對這位美少年頗感興趣。有一天，宙斯變身成一隻大鷲，並將甘尼美載到奧林卑斯山頂。宙斯讓甘尼美當酒童，並且給祂永遠的年輕與美貌。在甘尼美所攜帶的水瓶裡經常裝滿了成爲衆神智慧的泉水。拿著水瓶的甘尼美就成了水瓶座的象徵。

·性質

關鍵語I know（我知道：認識）。相當於人的一生之中，已從第一線退休，可從事顧問工作或服務社會的長老期。

知性、獨創性、自由且樂天、冷靜、獨立、友好、人道主義者、博愛主義、愛好科學及文學、發明家、改革者、反抗性强、喜違反規則、怪人。

雙魚宮

•神話

在魔羯宮所提到的宴席之中，愛神阿芙蘿戴蒂與其子厄洛斯也參與了。當怪物狄龐出現的時候，這對母子便變成魚跳入尼羅河中。兩人爲了避免分離，就用緞帶將雙方的尾巴結在一起。這對變身的母子就成爲雙魚座的象徵。

•性質

關鍵語I believe（我相信：信仰）。相當於人一生之中，人生活動終止的衰弱期。

神聖與肉慾、清淨與污穢雙重性、好幻想、藝術性、有慈悲心、同情心、犧牲奉獻、直覺、愛情需求强烈、具保護本能、天真、愛哭、任性、不安定、混亂、怠惰、見異思遷。

四柱推命

一般而言，東方的宗教思想認為生物是未來永劫的輪迴，現在的生命，只不過是當中的一環而已。

譬如某人的誕生與死亡，只不過是節與節的區分罷了。

為了反映這樣的思想，因此便認為人的一切狀況、命運、性質、性格等早在以前就已決定好了。

接下來便有人認為「既然誕生與死亡都已經註定，那麼便可將誕生日這項資料為依據，如此一來，就可以推測出包括死期的人生流程了」。

輪迴轉世是否為眞，這點至今仍無法確定，然而令人驚訝的是，根據生日而被分門別類的人類命運竟有其特定的法則。

四柱推命就是將這些法則加以圖式化，並以此作為判斷的占術。至今已被研究到相當深入的地步，已經可以算是學術領域的一部份。

依據誕生日的占術統計學

四柱推命是以生年、月、日、時等四種資料做爲基本的根據，再加上十干、十二支並觀察其相互關係。因爲是以年、月、日、時等四柱爲基準，所以稱爲「四柱」；同時，必須將所得到的資料，如拼圖遊戲般組合起來藉以推測命運，因此稱爲「推命」。

將這些具體圖式化之後便稱爲命式。此種占術的作法是，將想占卜之人的生年、月、日、時按照順序排列出來，如此便可作出正確的命式。

有時候除了四柱之外，還可以加上分的概念形成五柱，如此占卜便會更加詳細了。然而，由於地理和時間變更線的關係，而使得以時間做爲區分的命式化顯得相當複雜，同時，四柱推命中的日期變更基準(＊1)既含糊又難以理解，因此，一般來說很少這樣進行。

四柱推命是以人的生日狀況爲基本資料，因此，可將其看成爲長久歷史所累積下來的統計學。

既然如此，占者所需要的便不是靈感，而是要具有將拼圖正確解讀出來的判斷力、解讀力以及語文能力。當然，更重要的是，必須判斷出自己所提出的答案是否正確，或者是累積他人的解釋，使其成爲自己的經驗，因此，「經驗」是相當重要的。

至於要採用那一種方法，至今仍議論紛紛。

虛偽的四柱推命

四柱推命並不是相當方便的方法，但是學習過之後任何人都能理解並且加以實踐。

被稱為相命先生或是相命專家的人，都是根據自己的經驗而做出的獨家解釋，這在四柱推命的世界中稱為秘訣。像這樣的專家，是使用自己的方法來解釋四柱推命，並且將文章揭載在雜誌等刊物上。

然而，在此所提的「四柱推命占術的方法相當簡單」這點便成了問題。精通四柱推命的人，將這些記錄加以分析之後，便可將其中的秘訣以及解釋的方法當作自己的心得。隨著四柱推命在世界中的評價日趨高漲，這種行為發生的情況也越來越頻繁。

採用先人的技術並不是一件壞事，然而對於被模仿的一方而言，耗費長久時間所研究出來的結果，竟輕易的成為他人仿效的對象。同時，如果別人使用這種技術來作生意的話，那被模仿的一方怎麼能容忍呢？

因為如此，所以大家便將稱為秘訣的獨門解釋隱藏起來，而撰寫虛偽之四柱推命的占者便紛紛出現了。

自古至今，不論是東方還是西方，對於有關占術的一切仍無法明確的了解。占術和預言是迥然不同的，因為在無法百分之百的命中情況之下，所以也常被視之為胡言亂語。

和其他的占術比較起來，四柱推命的基本技法可說是相當正確的。但由於虛偽的四柱推命書籍出現，因此才被貼上胡言亂語的標籤。

■■■

（＊1）日的變更基準：一天的區分，通常是以太陽曆的0時作爲基準。然而在十二支中是以子時作爲區分的基準，所以十一點以後就變成翌日了。

四柱推命的歷史和起源

有關四柱推命的起源，至今還無法明確的了解。但在中國發揚光大是無庸置疑的。根據現有的說法是，自中國太古時代就傳下來的思想和占術爲其根本。特別是陰陽五行說和干支術（十干、十二支術），被認爲與四柱推命的成立有相當密切的關係。自漢代至唐代的這段期間之內，四柱推命的基礎便被建立起來了。

四柱推命演變至現在的型態，歷史並不悠久。最早與其相關的文獻，被認爲是宋代徐公升所著的『淵海子平』。後來則有明代劉伯溫所著的『滴天隨』。

『淵海子平』和『滴天隨』被認爲是推命術的二大原書。在江户時代中期『淵海子平』曾傳到日本。而在文政年間，儒學者櫻田虎門加以翻譯，並以『推命書』的書名發行於日本。

這些有關推命書的書籍，内容皆相當的抽象，所以讀者必須加上自己的解釋。「雖然不需要靈感，但需要高度的國語文能力和豐富的經驗」，其理由便在於此。

自『推命書』問世之後，許多研究家按照自己的想法去做解釋，因此，由於研究者的不同，其解釋也有明顯的差異。但是如果想學四柱推命的話，在學會基本之後，還須將自己的想法整理起來，並按照這個想法持續的研究下去。

陰陽五行説與干支術

陰陽五行説和干支術是四柱推命的原形，也是其一切基礎部份的所在。想理解四柱推命的人，必須先理解這些才行。其實，陰陽五行説不僅對四柱推命產生影響，其對東方，特别是在中國所盛行的占術，都具有强烈的影響。

下面我們來爲陰陽五行説和干支術作簡單的説明。

陰陽五行說

在古代中國所成立的自然哲學的基礎概念以及世界觀。而中國思想對於韓國和日本等漢字文化圈的思想與生活有相當大的影響。

陰陽五行說是陰陽說和五行說二種思想混合而成的。本來各有其不同的起源。

陰陽說是易占術原形的學說，認爲存在於自然界的一切物質都是由「陰」和「陽」這二個互相對立的元素、要素所組成的。有關陰陽說的詳細記述，可參照「易占術」（一一八）。

而五行說便是在陰陽說之中加上循環與對立等理論的內容，認爲存在於自然界的一切物質，都能夠分爲金、木、水、火、土等五個要素的說法。

關於五行說的起源有二種說法。是以商殷的五方觀念爲由來，另一種則是以五材爲由來。不論其起源爲何，這二種學說融合起來，便流傳於現在的五行說。

五種要素各有其所代表的意思。

木：不限於樹木，泛指一切以植物爲原料的物質。代表暖氣的意思，象徵春季和東方。

火：除了火本身之外，尚包括光和熱。意味著熱氣，象徵夏季和南方。

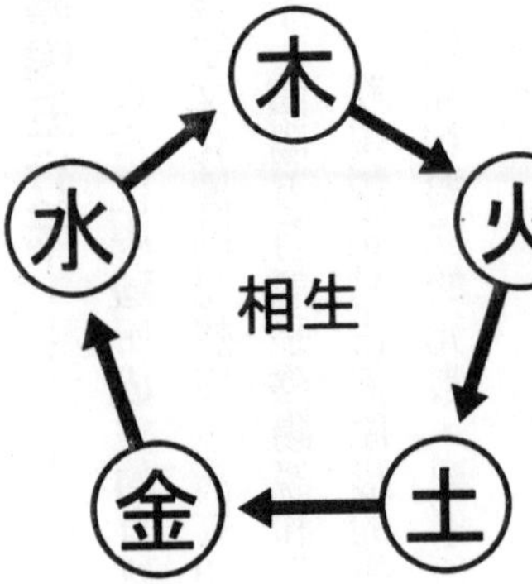

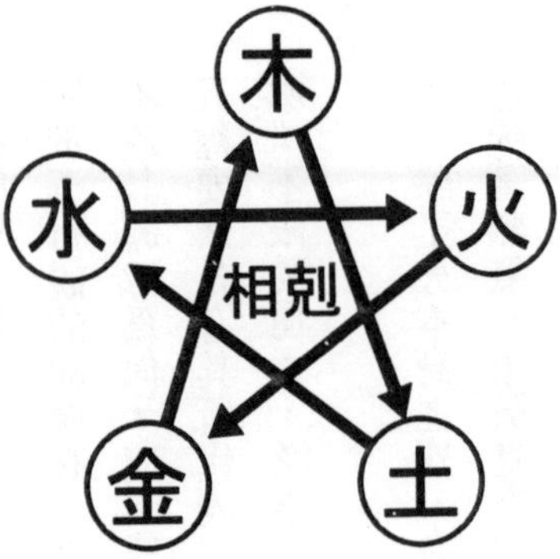

土：除了大地本身的意思之外，還包括生成腐敗的土所造成的全盤作用。

意味著潮濕之氣，象徵季節的變化以及中央點。

金：泛指一切使用礦物或金屬製成的產品及物質。

意味著涼氣，象徵秋季以及西方。

水：指一切液體或液狀的物質。

意味著冷氣，象徵冬季和北方。

●相生與相剋

這五行有相互的利害關係。這種互相相合的關係稱爲相生，互相相害的關係稱爲相剋。在四柱推命之中，這是相當重要的重點。

西元前三世紀的學者鄒衍，在陰陽說裡採用這種五行說的循環變化論，因而產生了稱爲天人感應說的新思想。

這表示宇宙的構造和自黃帝至現今的歷史推

移、自然現象的變化與徵兆和人類的行動以及行爲等因果關係。

天人感應説，成爲陰陽五行説及其以後的四柱推命之原形的重要哲學以及理論。

■干支術和十干、十二支術

十干、十二支是中國古代所產生的數詩，特別被使用於決定時間和空間的秩序。其起源非常悠久，可在商殷末期（西元前十五世紀～西元前十一世紀）左右所使用的甲骨文字中見到。其中有一個說法是殷王朝作爲決定帝王地位順序而使用十干。

這種十干和十二支是從上位按照順序組合起來，所得到的六十順位名稱（干支），這種名稱主要發揮了日期上的機能。漢代以後，十二支被使用爲計時的單位，也就是所謂的時辰。在漢字文化圈廣爲普及。

這時候的十干十二支。各別有其記號及數字的機能。可是到了戰國時代末期（西元前四世紀～西元前三世紀）以後，受到陰陽五行說的强烈影響，而開始與其結合運用。同時十干十二支也被採用於相剋相生的關係之中，並各別表現五行之中的陰和陽。

・十干

甲：表示五行的「木——陽」。

意味著直木（樹木、大木或死木）。

乙：表示五行的「木——陰」。
意味著柔木（草木、嫩葉等柔弱的活木）。
丙：表示五行的「火——陽」。
意味著明火（太陽）。
丁：表示五行的「火——陰」。
意味著暗火（照耀黑夜之光）。
戊：表示五行的「土——陽」。
意味著剛土（山或堤防、城牆等）。
己：表示五行的「土——陰」。
意味著柔土（田園、柔軟的土）。
庚：表示五行的「金——陽」。
意味著剛金（鐵等被精煉的金屬）。
辛：表示五行的「金——陰」。
意味著柔金（金等貴重金屬）。
壬：表示五行的「水——陽」。
意味著明流（海、湖或河川）。

癸：表示五行的「水——陰」。
意味著暗流（雨或霧）。

•十二支

子：意味十二月，表示前日的二十三時～一時。
丑：意味一月，表示一時～三時。
寅：意味二月，表示三時～五時。
卯：意味三月，表示五時～七時。
辰：意味四月，表示七時～九時。
巳：意味五月，表示九時～十一時。
午：意味六月，表示十一時～十三時。
未：意味七月，表示十三時～十五時。
申：意味八月，表示十五時～十七時。
酉：意味九月，表示十七時～十九時。
戌：意味十月，表示十九時～二十一時。
亥：意味十一月，表示二十一時～二十三時。

此十二支顧名思義各有其所對應的動物，然而，這到底是根據什麼而來的呢？由於原因並未傳襲下來，因此至今仍未解明。

四柱推命的實踐

四柱推命術是始於將稱爲「命式」的製作成表格的過程。製作命式的過程，乍看之下會覺得相當複雜，但習慣了之後便不會覺得很困難了。初學者只要以正確的專門書籍，僅需要約一個小時就能夠完成命式。

然而想要判斷命式就不是那麼容易的事了。但如果閱讀專門的書籍，仍可以學會判讀的方式。其實學會基本之後，再加上自己本身的想法並加以統整，如此才能探索其解釋的方法。在此，我們便順著命式的作法，對四柱推命做簡單的說明。

①生年月曰時

四柱推命是根據算命者生年月日時的相互關係，引導出人天生的命運和性格。所以首先必須了解算命者正確的生年月日時。

在年柱這欄寫上生年、在月柱這欄寫上生月、日柱這欄寫上生日、時柱這欄寫上生時。

②干支（天干地支）

從生年月日時找出干支之後，在各柱寫上年干支、月干支、日干支、時干支。干支（十干十二支）合計共有六十種組合，月干支和日干支每年都不相同（一般在專門書籍中都附帶有前後一百年的表格，此表稱爲萬年曆）。

將十干十二支的十干部份稱爲天干、十二支的部份稱爲地支，並各寫在適當的欄位裡。

年干支

在四柱推命中，一年的開始並非元旦（一月一日），而是立春（二月四日）。到立春的前一天（二月三日）還算是前一年，因此出生在一月一日到二月三日之間的，其干支是前一年的干支。

月干支

同樣的月的區分和一般的月曆不同，而是以各月的節入開始算。所謂的節入在一月份爲小寒、二月份爲立春、三月份爲驚蟄等的二十四節氣。

■二十四節氣

1月	小寒5日左右	大寒20日左右	7月	小暑7日左右	大暑23日左右
2月	立春4日左右	雨水19日左右	8月	立秋8日左右	處暑23日左右
3月	驚蟄6日左右	春分21日左右	9月	白露8日左右	秋分23日左右
4月	清明5日左右	穀雨20日左右	10月	寒露8日左右	霜降23日左右
5月	立夏6日左右	小滿21日左右	11月	立冬7日左右	小雪22日左右
6月	芒種6日左右	夏至21日左右	12月	大雪7日左右	冬至22日左右

日干支

通常這是從萬年曆中調查出來的。如果出生在節入當天的話，月干支會因時間的不同而有變化，但日干支是以一日爲基準，因此，不會由於節入時間的不同而產生變化。

時干支

根據日干支和出生的時間來做決定。

③藏干

所謂的藏干就是「藏於十二支的干」的意思，根據干支的地支（十二支的部份）求出。將自己的生日減掉節入的日數，並以各柱的地支爲基準，依據『月律分野藏干表』的表格讀取出藏干，然後寫在規定的欄位內。

④空亡

顧名思義空亡是意味著「空虛的滅亡」。當十干十二支的組合不協調時，其間的天氣無法令人接受，因此空亡又稱爲天中殺。在日本「天中殺」這個詞較爲普及。

可以日柱的干支做爲基準，從『空亡速見表』中讀取出來，並寫在規定的欄位内。

⑤天干通變星、藏干通變星

表示人一出生就具有的命運或宿命之重要項目，也就是四柱推命的核心。

月柱的藏干通變星稱爲「元命」。依據通變星來判斷事物時，必須以元命爲中心，接下來其重要程度依序爲年柱通變星、日柱藏干通變星。

通變星有比肩、劫財、食神、傷官、偏財、正財、偏官、正官、偏印、印綬等十個種類。這十種星可代表人的性格，並擁有抽象的意思和暗示肉親。

通變星是寫在天干和藏干兩個部位。

⑥十二運星

十二運星得看出生的日子對其他四柱的地支有何影響，或對其影響力的強度有多少。其和通變星有關連，並表示宿命性格所暗示的强度。

十二運星包括長生、沐浴、冠帶、建祿、旺、衰、病、死、墓、絶、胎、養等十二種，例如「長生」便是在比喻人的一生。

這是從『十二運星決定表』中讀取出來的，並寫在規定的欄位内。

⑦干支生剋

干支生剋是說由干支互相組合所造成的相生相剋。

這裡有些種類的相生相剋不論是好是壞，都帶有相當密切的關係，如：干合、干合、三合。而沖、刑、害、破等則是表示動搖、破壞、分離的意思。

這是需要互相配合才能填上去的。

⑧吉凶神殺星

吉凶神殺星是由通變星或十二運星中獲得的全體運所支持而使用的。一聽到神殺，便給人一種恐怖的感覺，但其實神是表示吉星、殺則表示凶星，所以其代表的意思和吉凶是一樣的。

吉凶神殺星是以出生年月日時的各柱干支爲基準，並可從『吉凶神殺星速見表』中讀取。在命式中的吉凶神殺星雖對運全體有影響，但存在於年柱的吉凶神殺星特別影響幼年時期，而月柱及日柱則影響青年時期，時柱便影響老年時期。

以全體運而言，存在日柱的吉凶神殺星是最具影響力的，接下來則是月柱以及日柱。這些未必都有影響，所以只要記錄需要的部份即可。

⑨身旺、身弱

表示根據過去的經驗所觀察而得到的綜合性運氣對其人有何影響。

在此所叙述的專門用語各有其特定的意義及暗示，占術師考慮各星的影響力之後，來判斷出身旺或是身弱。

如果在命式中集中著强星的話，就表示身旺、好運的來臨；但相反的，若集中的是弱星的話，就是身弱，也就是厄運的來臨。

等決定了之後，便在身旺或是身弱的地方作記號。

⑩行運

行運是表示命運或宿命是如何轉變，或如何圍繞著環境而產生的變化。

行運分爲每十年變化的大運，以及每一年就變化的年運兩種判斷方法。行運的判斷會因占術師的不同而異。決定之後在逆行運或順行運的一方做下記號。

如此一來，命式就完成了。

大運：

運氣的變化可使用特定的模式來搭配干支。大運可從月柱的干支求出這種模式，但因爲性別的差異以及年天干不同，這種模式可分爲順向進展、逆向進展。但順向進展時便稱爲順行運，逆向進展時則稱爲逆行運。這些必須先加以判斷出來才行。

接下來就是要求出運氣轉變之年。這得使用特殊的方法，其詳細的說明請參照專門書籍，在此只說明其方法與結論。

順行運時要求出生日到下一個節入的日數，逆行運要求出生日到前一個節入的日數，再除以三，然後將餘數乘以四。最早出現的數表示歲（年），從餘數算出的數則表示月，以歲和月爲基準每隔十年大運就會轉變。

等到決定表示十年間運氣的干支之後，便使用和求算命式通變星以及十二運星同樣的方法及表格，並從中讀取表示大運的通變星和十二運星。使用通變星和十二運星便可判斷出大運的運氣。

年運：

判斷的方法大致和大運相同，可從『干支速見表』之中讀取想判定的年，並以此爲基準讀取出通變星和十二運星。

男命 女命	年柱	月柱	日柱	時柱	空亡	
生年月日時					⑧	①
天干					身旺 身弱 ⑨	②
地支						②
藏干						③
天干通變星					順行運 逆行運	④
藏干通變星					年 月運	④
十二運星					⑩	⑤
天干相剋						⑥
吉凶神殺星						⑦

●命式白圖

男命（圈） 女命	年柱	月柱	日柱	時柱	空亡
生年月日時	S 59	4	30	15：43	戌亥
天干	甲	戊	甲	壬	身旺（圈） 身弱
地支	子	辰	子	申	
藏干	癸	戊	癸	壬	
天干通變星	比肩	偏財		偏印	順行運（圈） 逆行運
藏干通變星	印綬	偏財	印綬	偏官	1年8月運
十二運星	沐浴	衰	沐浴	絶	
天干相剋	三合	三合	三合		
吉凶神殺星	太極貴神	金與祿		天德合	

●命式記入例

十干、十二支與性格占卜

從十干和十二支的組合可簡單看出個人的性格，十干十二支雖然被組合為四柱推命術，但在性格判斷方面可以獨立為十二支占術。

十干是從月柱的地支、十二支是從日柱的天干來讀取的（有關於地支、天干以後再作說明）。有關這方面的資訊自行參閱萬年曆也可以，或是問父母也可以。

從天干看性格

甲：活潑、努力，但較為自我、易怒。

乙：想法有彈性、有耐性，但較軟弱並且消極。

丙：喜歡華麗、會講話，但不腳踏實地。

丁：看起來溫和乖巧，但實際上想法激進、有勞碌命。

戊：有自信、會照顧人，但感情較為脆弱。

己：非常文靜，並相當熱衷於自己的興趣。

庚：有智慧、能幹，但相反的較為輕浮、虛榮心強。

辛：腳踏實地的努力並不以此為苦，頑固、怪癖。

壬：做任何事都很積極，但較無耐性、怠惰。

癸：正直、勤奮、脾氣暴躁、做事容易半途而廢。

從地支看性格

子：率直、淡泊、脾氣暴躁。女性則嫉妒心強。

丑：品性良好、具性魅力、本質善良，但較乖僻。

寅：親切、有骨氣、腳踏實地，但不太會說話。

卯：感性、乖順可愛，但容易受人影響。

辰：樸素不做作、受人照顧。純情，但容易被騙。

巳：頭腦聰明、努力，但脾氣暴躁。

午：有行動力、積極，但不太會控制感情。

未：給人溫柔體貼的印象、善交際，相反的卻愛打如意算盤、有神經質。

申：精力充沛、適應力強、小心翼翼、狡猾。

酉：有先見之明、崇尚流行，對任何事都很熱心，但只有三分鐘熱度。

戌：具有強烈的責任感、好強、一旦生氣，別人說的話都聽不進去。

亥：意志力強，在任何時間都具有能做出正確評估的能力，容易對事情熱衷，但也容易厭倦。

卡帕拉數秘術

自古以來人類便認為數有不可思議的力量。在科學萬能的時代，仍有許多人會相信「Lucky7」、「十三號星期五」等。

將數本身所隱藏的神秘力量加以研究，以使其明確化的學問，稱為數秘學。

這種數秘學結合卡帕拉的教義和所產生的占術，稱為卡帕拉數秘術。

從數字引導出的運勢

卡帕拉數秘術，認爲數字各有其代表的意義。使用於占術的數字是從1～9的個位數字，以及被認爲具有特殊意義的11和22等共計十一個數字。可從這些數字中探索其對人類的影響，並可看出此人所隱藏的性格以及出生在這個世界的使命，這便是卡帕拉數秘術的目的。

與其說是要占卜運勢的狀況，還不如說是告知人如何才能獲得更幸福的一種占術。

基本上卡帕拉數秘術是要依照生年月日來占卜的。將西元的出生年月日，依照特定的順序計算，將其置換爲前述的個位數字、11或是22即可。

如此一來基本的準備工作就完成了，但實際上還要考慮到出生年月日以外的要素。卡帕拉數秘術並不像『易經』一樣結集成書，因此，全世界有關卡帕拉數秘術的改編書籍內容差異頗大。一般說來，以出生那天是星期幾做爲參考的比較多，但有些卻和佛教有關連。

在此我們介紹西方常進行的一種方法做爲參考。這種方法便是將姓名置換爲數字以做爲判斷，其名稱爲格瑪多利亞（數值變換法）。這種方法則是稱爲卡帕拉數秘術。

本來卡帕拉數秘術和格瑪多利亞是不一樣的，但經過長時間的融合便成了卡帕拉數秘術。

起源和歷史

畢達哥拉斯的概念

自古以來，人們對數字即感到神秘。其中對數字以近乎信仰的心情去接觸的，就是主張「數字爲宇宙」的畢達哥拉斯信徒們。

他們認爲依靠研究數字便可解明宇宙的奧秘，因此對數字下了定義。他們將1＋2＋3＋4所形成的十個點，稱爲「蒂托拉克都斯」，並且認爲這是宇宙中最神聖的存在。因此稱畢達哥拉斯派爲數秘術的基礎，是不容置疑的。

卡帕拉～猶太教的神秘層面

當畢達哥拉斯派的學者們在地中海世界活躍的時候，以色列地區產生了稱爲猶太教的宗教。猶太教是信仰唯一絶對的神——耶和華，並將其教義寫成律法（在舊約聖經中稱爲摩西五書的部份），猶太人加以實踐的宗教。

支配猶太教神秘層面的是卡帕拉。所謂卡帕拉是希伯來語，其所代表的意思是「傳承」。

卡帕拉擁有從生命之樹（塞非洛特之樹）流出的十個神的力量——塞非拉，並因而形成宇宙，在生命之樹前進行秘密儀式便可接近神的旨意，這是信徒最大的目的。

聽説卡帕拉的秘密儀式是開始於摩西獲得神的十誡之後，後來在猶太教的指導者（Rabbi 拉比）之間秘密的流傳著。當時的卡帕拉是極爲神秘的，並且絶對不會洩漏出來。

世界廣泛得知這個秘密，是由於十三世紀西班牙的摩賽斯·利恩所發表的一本書『索哈爾（光輝之書）（＊1）』。

後來卡帕拉不僅對猶太教產生影響，對基督教世界也給予很大的影響。後代的薔薇十字團（＊2）和共濟會（Freemason）（＊3）就是特別受到其影響的宗教結社。

卡帕拉的秘儀

猶太教是遵守律法以實踐神之教義的一種宗教，但其隱藏的教義也就是秘密教義卡帕拉是「如何才能接進神的旨意」，必須依照特殊的手法研究此教義。

認為依靠生命之樹便可以得到。在樹最下方的塞非拉是稱為「瑪爾庫多」的現實世界，最上方的克特魯則是最接近神（耶和華或恩索夫）的旨意，然而有一種想法是將生命之樹看成梯子，認為從現實世界登上神的克特魯就能接近神的旨意。

實際的秘密儀式是冥想著生命之樹，並在這種意念之中通過生命之樹的路徑而到達克特魯。然而沒有理解秘密的人會在生命之樹中迷路，絕對無法到達克特魯。在這個秘密之中，據說必須以正確的希伯來咒語發音，但其詳細內容則不得而知。

格瑪多利亞的誕生

雖然卡帕拉是秘法，但坊間仍存在著許多相關的書籍。據說摩西自己也在舊約聖經中記載卡帕拉的秘語，至於其他被認爲是卡帕拉大教典的書也有很多。

既然是秘法，怎麼會有相關的書籍呢？……其實這些教典只是以普通的方式供人閱讀，並不能解明秘術。因爲卡帕拉秘儀在文章中是以暗號組成的。

雖然人人都可以閱讀，但如果想理解的話則必須能解讀暗語。由於如此卡帕拉才能維持其秘密狀態。這種暗號解讀法有很多種，其中的一種稱爲數值變換法，也就是所謂的「格瑪多利亞」。

本來聖經是用希伯來文寫成的。希伯來字母總共有二十二個，每一個字母都搭配著不同的數值。接下來是以單語加上文字的數值，以求出單語本生的數值。

將同數值的語句連貫起來，再以合計的數值用暗號表改變爲文字排列出來，就會變成不同的單句。如此一來便能了解其中被隱藏的意思。

■ ■ ■

（＊1）**索哈爾（光輝之書）**：作者主張由二世紀左右由猶太教的拉比所寫成的書，雖然是用阿拉姆語抄寫的，但實際上可能是他的著作。第一本叙述有關生命之樹的書籍和最重要的「塞非拉·耶拉」同被認爲是卡帕拉的根本教典。

（＊2）**薔薇十字團**：據説是在十五世紀組成的秘密結社。團長羅生庫勒底茲是以卡帕拉秘儀免費治療病人，因而形成種種神蹟。

（＊3）**共濟會**：世界最龐大的秘密結社。在中世紀時成立，許多歷史上有名的人都曾經加入過。至今仍以思辯的方式爲中心。

數秘術和格瑪多利亞的融合

格瑪多利亞本來是要了解卡帕拉秘儀以及前人的預言所使用的方法，其功用並不是單純的占卜。

然而，爲了實踐格瑪多利亞，所以必須使希伯來文字和卡帕拉有更爲密切的關係。二十二個希伯來字母除了搭配數字之外，還有屬於其專屬的象徵。除此之外，還對應著Tarotcards（塔羅牌）的大花牌（阿爾卡那）。有關於塔羅牌，請參照「塔羅占術」（一四一頁）。

可能因爲這樣，使用格瑪多利亞進行預測未來……這就算是進行占卜。

自古以來便存在著一種想法，數秘術的數字中，隱藏著真實的事物。格瑪多利亞和數秘術結合起來產生了卡帕拉數秘術，這是不容懷疑的。

當初卡帕拉數秘術不被人們所重視。在猶太、基督教圈内認爲格瑪多利亞是爲了要了解以生命之樹爲中心的宗教秘儀之一種手段，然而使用於占術，便被認爲是一種邪道。曾經有一段時間被認爲是「卡帕拉墮落之型態」。

卡帕拉數秘術的高手和至今的情況

雖然没有很多的人相信，但想從數字中探索人類真實的想法，卻不曾衰退過。

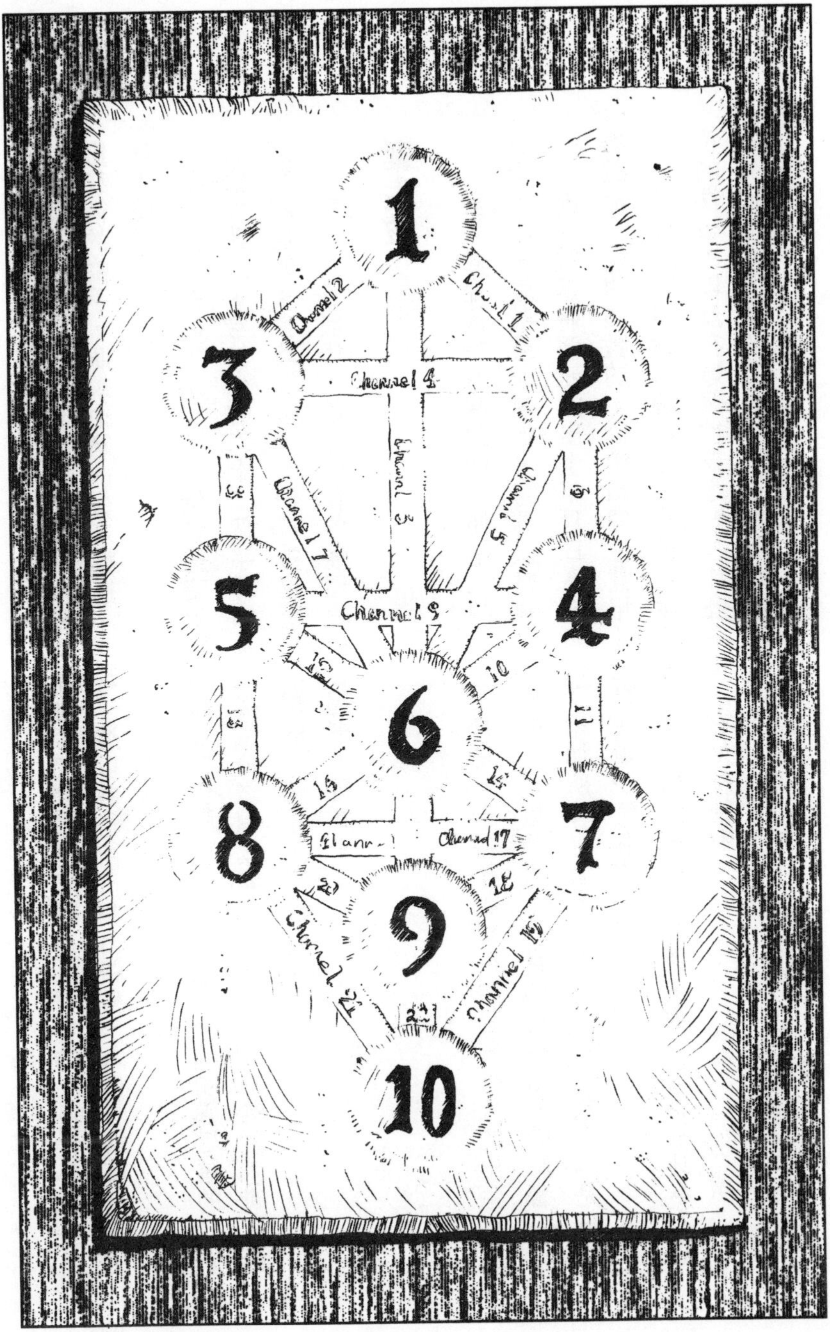
1
2
3
4
5
6
7
8
9
10
Channel 4
Channel 9
Channel 17

十八世紀時，法國出現一位神秘學者卡羅斯特洛，除了屬於共濟會的一員之外，還是數秘術的高手，聽說他賭博從未輸過，同時，還以數秘術預測出路易十六世和瑪麗皇后的死亡時間。

十九世紀時，出現了一位名爲艾佛斯·雷維的塔羅研究者。他下定結論說塔羅的二十二張大花牌、希伯來的二十二個字母以及連接生命之樹塞非洛特的二十二條路徑之間其實是有關連的。自此以後，卡帕拉數秘術和塔羅的關係才正式被著手研究。

然而到了現代，數秘術和各種理論結合起來，發展成各式各樣的占術。

誕生數

與人類命運最有關連的，便是人的出生年月日。卡帕拉數秘術也是根據人的出生年月日得到的誕生數或命運數，認爲這對個人性格的決定以及人生的目的有相當大的影響。

誕生數是將西元的出生年月日等各個數字相加所算出來的，如果得到的數字不是個位數的話，便將該數的十位數和個位數相加起來成爲一個個位數字。

最後所獲得的這個數便稱爲誕生數。這種程序稱爲單數變換誕生數，是表示其本人真正的性格，以及在這個世界應做些什麼事情、有何種使命。

下面我們舉出並說明誕生數的實際例子：

一九八〇年五月二十一日出生的，其誕生數爲：1+9+8+0+5+2+1=26

然後進行2+6=8的單數變換。

其所產生的結果數字8，就是誕生數。

如果在計算過程中，得到11或22這二個數字的話，便可以停止計算。其誕生數就是11或22。

例如，生日爲一九七四年七月十九日的人，其誕生數爲：

1+9+7+4+7+1+9=38

接下來進行3+8=11的單數變換。

若出現的數字爲十位數時，本來應作單數變換，但因爲出現的數字爲11，所以計算便可停止了。

在數秘術中將11和22看成特殊的數字，其理由是因爲連接「生命之樹」塞非洛特的二十二條路徑所造成的，而11爲22的一半，且爲所有數字當中最小的質數，因此這二個數比較特別。

有關誕生數所涵蓋的意思，請參閱「數結果圖」。

姓名數

應用格瑪多利亞將聖經的語句加以數值轉換的方法，將姓名引導出數字，再將此數字做單數變換使其成爲姓名數。

這種姓名數的處理方法會因占術者的不同而有差距，在此，我們可以說誕生數是代表真正的自己，而姓名數卻是代表現在自己的性格以及所擁有的能力。

下列舉出例子說明姓名數的算法。

首先將姓名用羅馬字母寫出來，接下來將字母置換成其所對應的數字，之後和誕生數的算法一樣，經過單數變換的程序求出個位數字。這就是所謂的姓名數，當遇到11或22時便可以中止計算。

有關羅馬字母所對應的數字，被創造出許多表格。但本書所使用的表格則是一般常使用的表格。

下面舉例說明姓名數的求算方法：

如果名爲山田太郎，用羅馬字母寫出並使用一般對應表將其轉換爲數字，以下爲轉換方法：

■羅馬字母換算表

1	2	3	4	5	6	7	8	9
A	B	C	D	E	F	G	H	I
J	K	L	M	N	O	P	Q	R
S	T	U	V	W	X	Y	Z	

從「羅馬字母的第幾個」求出所對應的數目。這是最普遍的換算方法，但有時以 k＝11、V＝22作計算。

YAMADA　TARO

↓↓↓↓↓↓　↓↓↓↓

7 1 4 1 4 1　2 1 9 6

並將此結果進行單數變換。

7+1+4+1+4+1+2+1+9+6=36

再進行單數變換：3+6=9

則9就是此人的姓名數。

姓名數和誕生數同樣都是使用「數結果圖」。誕生數表示的結果爲內在的自己，而姓名數表示的結果爲現在的自己或外在的自己。

數結果圖

1～意味著男性原理的數字

克特魯（王冠）。1是表示一切的開始，也意味著男性原理的數字。這個數字代表的性格爲王者。擁有這個誕生數的人，其使命爲「在這世界中要開始做事情」。

誕生數爲1的人能站在世界的最高峰，並有完成事情的能力。同時也容易成爲開拓者。

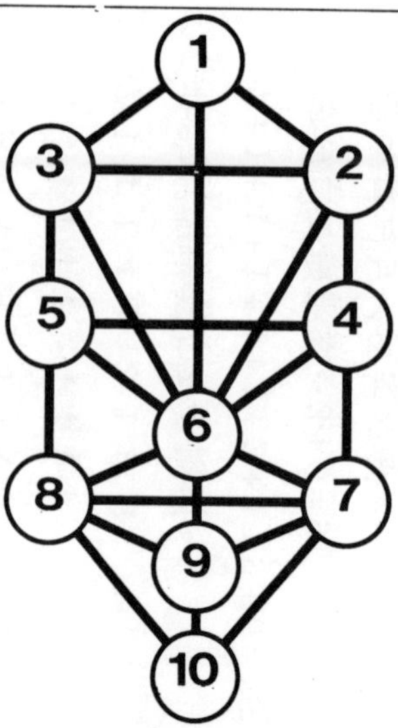

●本來的塞非拉排列

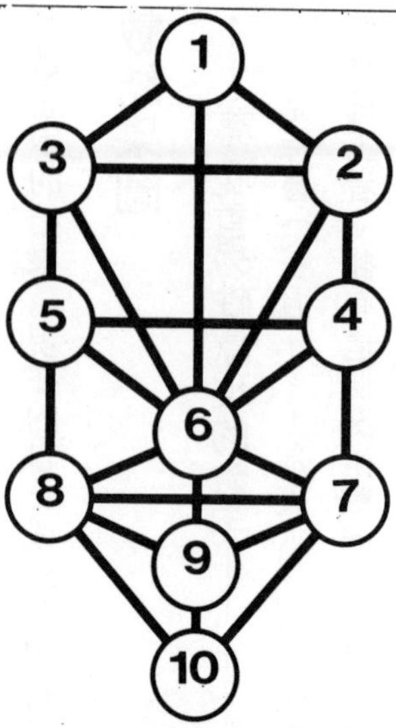

●卡帕拉數秘術的塞非拉排列

塞非拉的順序表

這是本來塞非洛特之數的塞非拉順序，以下是正確的排列：

1＝克特魯　6＝提法列特
2＝克庫瑪　7＝涅札克
3＝比納　8＝霍特
4＝克西特　9＝葉索特
5＝克布拉　10＝瑪爾庫多

可是在卡帕拉數秘術中，其排列如下：

1＝克特魯　6＝提法列特
2＝比納　7＝霍特
3＝克庫瑪　8＝涅札克
4＝克布拉　9＝葉索特
5＝克西特　10＝瑪爾庫多

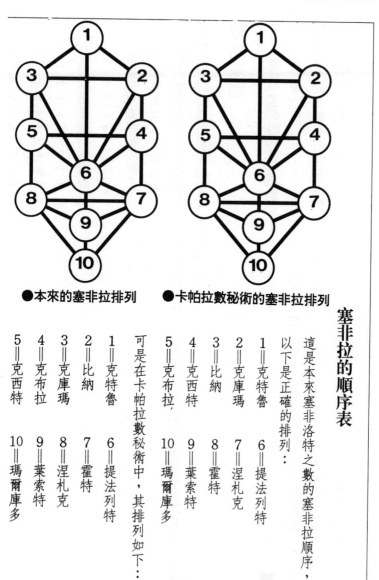

依照這樣的排列，更容易了解和解釋其數字所對應的意思。

本來的排列方式是在中央柱頂上的克特魯（王冠）之下排列著屬於男性原理之柱克庫瑪（第二個）。但依據卡帕拉數秘術的理論，將1視之爲男性原理，2則爲女性原理。所以將屬於女性原理之柱的比納（理解）改成爲對應2的塞非拉。

在任何方面行動都非常積極，開朗並具交際手腕。尤其於其性格上被人依賴，所以容易成爲領導者。可是會因爲過份相信自己而不願聆聽他人的忠告，這點是需要注意的。同時，由於自尊心太强，容易與周圍的人產生糾紛。因爲這樣，所以應該積極聆聽他人的意見，並銘記在心，才容易獲得成功。

適合的職業有企業家、政治家等爲人上司的決策人物。同時，此人也相當適合創業。

2～意味女性原理的數字■

所對應的塞非拉爲比納（理解）。和意味男性原理的數字1互相對應，是意味著女性原理的數字。本數字所代表的性格爲賢婦人。擁有此誕生數的人其使命爲「和他人互相協調生活著」。

在和他人協調時具有創造事物的力量，但不擅於表現自己。因此當無法與人協調的時候，則有封閉自我的傾向。

屬於相當羅曼蒂克的人，常沈迷於自己的幻想之中。當別人不能好好協調時，可擔任爲有能力的輔佐官以調停的角色，在組織內相當的活躍。須要注意的是有時必須堅持自己的意見。

適合的職業爲服務業，或是商場上和他人協調使組織得以順利發展的工作。至於將內心世界表達出來的藝術家，如畫家、詩人等也相當適合。

3～意味著生產發展的數字

所對應的塞非拉爲克庫瑪（智慧）。3是指相對於二種事物所產生的第三種意義，意味著生產發展的數。此誕生數所代表的性格爲幸運者。其使命爲「因爲自己的表現而給予周遭人喜悅」。

常得到他人的幫助，所以不需要花太多力氣便能成功。開朗的性格使得自己廣受歡迎，但切記不能忘了表達自己的謝意。若以傲慢的態度和他人相處的話，會引起他人的反感因而無法發揮長才，結果便喪失了屬於3這個誕生數特有的幸運。應多注意人際關係並樂觀的生活，如此才容易獲得成功。

適合的職業是能表現自我的領域，例如藝人、作家、或設計師等。在團體之中也能依靠自己的開朗態度，使自己的能力表露無遺，所以相當適合朝這方面邁進。但相反的，完全不適合從事獨力的事業。

4～意味著世界安定的數字

所對應的塞非拉爲克布拉（嚴峻）。4這個數字意味著四個方位或是四大元素等代表世界安定的重要數字。所代表的性格爲管理者。此誕生數的使命爲「確實達成所給予的任務」。

長時間腳踏實地的努力而獲得勝利，對於不會做的事不會逞强，但一旦接下任務便會努力的完成，因此相當受到大家的信賴。非常有原則並且相當認真，但如果太過執著於一件事，會容易使自己的視野變窄，對於這點需要多加注意。想要實踐人生的目標並不是腳踏實地就足夠了，關於其目標的方向是相當重要的。

擁有此誕生數的人適合從事財務管理、秘書、學藝員等腳踏實地的工作，然而從保衛安全的角度來看，警衛也是個相當適合的職業。

5～意味自由變化的數字

所對應的塞非拉爲克西特（慈悲）。5是4加1所形成的數，代表著從安定中踏出一步的意思，也就是意味著自由變化的意思。其所代表的性格爲自由人，而使命則爲「爲世界帶來變化」。

擁有在變化的時局中，仍給予四周環境相當影響，進而改變世界的力量。在任何情況之下頭腦都相當靈活，喜歡嘗試新鮮的事物，並且都能夠獲得相當高的成就。其缺點爲没有恒心，如果嚴重的話會使人無法信任，因而喪失信用。

所以，培養耐性是相當重要的。

所適合的職業爲和傳播媒體或旅遊有關係的職業，從事業務的營業員也不錯，至於翻譯或教師等和外國語言有關的也相當適合。

6～意味調和的數字

所對應的塞非拉爲提法列斯（美）。猶太教的聖印爲六芒星，這個圖形是由方向相對的二個三角形組合而成的。因此，此數字所代表的意思便爲調和。同時，畢達哥拉斯派的學者將六十決定爲結婚的數字，所以此數字又有象徵愛情的意思。這個誕生數所代表的性格爲調停者，而其使命則爲「爲這個世界帶來愛情與調和」。

所處的環境相當優渥，生活上鮮少與人發生爭執。同時擁有相當豐富的藝術才能，在生活之中追求調和之美。但也因爲生活太過豐裕，使得對物慾的要求相當高，這點是必須要注意的。不屬於自己的不要强求，並對他人付出愛心，這才是此誕生數的人應有的行爲。

如想發揮調停的能力，則可擔任律師、諮詢顧問、教育家或醫療工作等職務，也因爲相當具有美感，因此藝術家以及料理廚師也能夠發揮才能。

7～意味完美世界的數字

所對應的塞非拉爲霍特（光榮）。因爲神是在七日之中創造出世界的，因此，此數字便意味著完美的世界。此誕生數所代表的性格爲哲學家，而其使命則爲「以智慧來理解世界」。

因爲內在的高度智慧，所以具有能洞察世界一切真實面的力量。誕生數爲7的人，非常注重培養自己內在的智慧，並不喜歡受到外在物質世界的干預。因此並不擅於交際應酬，只是以真心誠意與人交往。也許在物質上並不能過得相當充裕，但仍能獲得很高的教育程度，所以擁有相當豐富的智慧和知識。

如此一來，便容易得到成功。但其成功是依靠許多人的力量幫助而得到的，因此，努力與他人交流是獲得成功的秘訣。

適合的職業爲學者、作家、宗教家等，傳統藝品的工匠也是相當適合的職業。

8～意味支配與強大力量的數字

所對應的塞非拉爲涅札克（勝利）。8是4和4相加而成的數字，所以意味著强烈支配的意思。同時，因爲其型態和海爾梅思（希臘之神）的拐杖相似，因此被認爲具有象徵上升的力量。此數字是意味著支配强大力量的數字，所代表的性格爲鬥爭者，其使命則爲「依據强力以及魄力克服困難」。

具以依據堅强的毅志力以及行動力完成願望的力量。因此，會爲了達到自己的目的而不擇手段，甚至不惜犧牲他人。由於一心朝向自己的目標邁進，往往不顧周遭的情況，因此失敗的機率也相當高。雖然具有實力，但成功和失敗的機會仍然很大，所以還是必須注意。

誕生數爲8的人最重要的是要取得周遭人的信賴，能站在一個團體的領袖位子，如善加利用自己的力量，便能獲得成功的保證。適合的職業爲站在最前鋒的商人、運動員或者探險家等，凡是能運用意志力或行動力的職業皆很適合。

9～意味著世界的完成與包容的意思

所對應的塞非拉爲葉索特（基盤）。9是個位數字之中最大的數字，其意味著世界之完成以及包容的數字。所代表的性格爲慈悲的教師，其使命則爲「傳達完整的智慧以服務於世界」。

具有給予他人良好影響的力量，並對任何事情都能加以包容。具有相當的博愛精神，對於他人的苦難不會視若無睹。喜歡將自己所擁有的知識或情報傳授給想要知道的人。同時，9這個數字又稱爲「旅遊世界」的數字，因此不喜歡定居而常到處移動。

擁有此誕生數的人不僅具慈悲心，也有相當複雜性格。和服務相反的冷酷；和教化相反的侮蔑等雙重性格會顯露出來，因此，這些負面的性質必須好好克制才行。

適合的職業是與教育有關，或者是和福利事業有關的工作。擔任導遊、系統工程師、飛機駕駛員以及船員等都很適合。

11～注意精神世界的數字

所對應的塞非拉爲比納。11這個數字除了表現7的力量之外，還加上了2的强大力量。所代表的性格爲魔術師。此誕生數的使命爲「依靠內在所湧出的靈感，在世界上建立偉大的成就」。

是理想主義者，有相當豐富的聯想力以及達成偉業的企圖心。但由於想法太過突兀，常被四周的人認爲是意想天開的人。究竟11這個誕生數的人要朝哪一個方向進展比較好呢？這得看本人的意志來決定了。此人的潛在能力相當高，但本人的意志薄弱時，便會成

2這個數字之負面性質的夢想家。

適合的職業是與人類精神發展有關的文化事業，具體的說，也就是能傳遞訊息的工作，如小說家、影像作家等。宗教家和思想家也相當適合。

22～注重物質世界的數字

所對應的塞非拉爲克布拉以及22條路徑。和11相反，是較注重物質世界的數字。22這個數字是將1的力量提升，在加上4這個數字的强大力量，其所代表的性格爲建設之巨人，而此誕生數的人使命爲「在物質世界中建立偉大的成就」。

具有能建立偉大事業，並使人類印象深刻的力量。能持續發揮强大的實力，連被認爲不可能的事都能夠加以實現。然而，會建立些什麼？

這必須看本人的意志以及人們的願望來決定了。當本人意志薄弱時，便會出現4的負面性質「視野狹隘的維持現狀者」。

適合的職業是會帶給社會重大影響的職務。如改變社會的政治家、社會運動家；改變文明的發明家以及實際上建造巨大建築物的建築師。

凱爾特——三樹占術

日本人稱陌生的民族為凱爾特人。從繁榮的古羅馬時代開始，凱爾特人便散布在世界各地。

中世紀的文學著作『亞特王傳說』以及，拍成電影的『X cakiber 』等，就是凱爾特人故事的代表。同時，歐洲的地名「維也納」和「多瑙」等都市也是出自於凱爾特文。

他們有自己的文化，但現在只有英國的愛爾蘭以及威爾斯等地，傳襲著和他們相關的傳說。這和存在於日本的阿伊努民族相似。

凱爾特獨特的十三個月的月曆，便是這民族的文化遺產。

凱爾特人的祭司被稱為「德落伊德」，他們所使用的月曆，是以十三種樹木來象徵十三個月，並以此來占卜命運。

從大自然產生的凱爾特占術

凱爾特的十三樹占術又被稱爲凱爾特曆占術。在下面的文章中，我們將它簡稱爲凱爾特占術。

這種占術是將一年分成十三份並做成月曆，然後將各時期所出生的人加以分類。

凱爾特曆是根據太陽以及月亮製作而成的，其和西洋占星術基本上種類並不相同。但是凱爾特占術和十二星座占術（日輪占星術）相似。十二星座占術是將特定時段出生的人分成固定的類型，此方式與凱爾特占術相同。

和生活關係密切的占術類型

他們的月曆是爲了要配合農耕時期而發明的，同時，在人們的生活中也扮演著相當重要的角色。

因此，凱爾特占術和人的生活關係非常密切，並且有許多暗示。這其中的原因可能和植物相關，除此之外，此種表現方法也相當具有季節感。

這正意味著與大自然共存是凱爾特民族最大的特徵。受到理論、思想以及哲學的强烈影響，在歐洲各種占卜術當中，凱爾特占術可說是比較特殊的一種占術。

凱爾特曆的獨特性

凱爾特曆和其他民族曆不同，其獨特的理論形成它的特徵，除此之外，並具有相當强烈的獨立性。

這種月曆是以二十八天爲一個月的周期。但是它並不屬於太陽曆的一種，雖然有採納一部份太陽曆的概念，但仍和一般的太陽太陰曆不同。

在此我們舉出月曆中最具特徵的一部份來加以說明。

一年之中有十三個二十八天的月份，也就是28×13＝364天。但在這種情況之下，會比太陽年的三六五天少一天。這個問題的解決方法，便是在十三個月中定出一個月爲二十九天。同時，也採納太陽曆每四年一次的「閏年」制度。

輪迴轉世的生死觀

在凱爾特人所擁有的思想中，最能清楚被認定出來的是輪迴轉世的生死觀。他們認爲所有的生物出生後就會死亡，之後又會復活。而月曆的基本——太陽也不例外。凱爾特人將天體的太陽看成人性化之王。

太陽王在冬至出生，過了十三個月之後，在次年的冬至來臨前死亡。但過了冬至之後祂又復活了，新年也因祂的復活而開始。像這樣的輪迴轉世也表現在他們的月曆中。

太陽王和月亮王妃

凱爾特人認爲和太陽對應的是月亮，因此相信月亮就是王妃。他們覺得月亮是太陽的妻子，並且不斷的結婚和離婚。

他們認爲月亮和太陽王在一起有時過著幸福的日子，有時月亮獨自等待出去狩獵而没有回來的太陽王。

這是表現在一連串的結婚儀式中。場面共計有十三場，並記錄在月曆之中。

月亮和十三種樹

凱爾特人認爲支配大地的是月亮。在大地紮根，並且生活在森林中的各種樹木，如果没有太陽光就没有辦法生長茁壯。他們將樹木的形態比喻成和太陽在一起的月亮，而將樹解釋爲月亮的化身。

因爲如此，凱爾特的德洛伊德（祭司）將月曆的十三個月以十三種樹木的名稱作爲代表。

萬物是在太陽王與月亮王妃所支配的大自然中出生的。

在人世間獲得生命，也就是意味著接受太陽王和月亮王妃結婚的恩惠。人類也出生於十三個月之中的某一段時間，並照著這段時間所暗示的命運生存下去。

神秘的民族——凱爾特

凱爾特民族雖然已從歷史上消失，但有關他們的文化，卻仍有許多神秘之處。有關凱爾特占術形成的歷史，除了和他們獨特的月曆，以及十三種樹木有關的事情被知道了以外，其他的部份都不太明確。

下面我們再對凱爾特人作一些解說。凱爾特人是古代印度、歐洲語族的一種。因爲是從歐洲移民至各地，所以在種族上並沒有一定的歸屬。

他們在西元前十世紀到西元前八世紀之間，便從萊茵河、易北河、多瑙河附近開始移動。到西元前四世紀之前，就已擴大到高盧、不列塔尼等地區，到西元前三世紀時便已到達小亞細亞地區，然而，在西元前一世紀之前，當高盧地區被凱撒征服的時候，當地還保有屬於自己的文化。

之後，凱爾特人在歐洲各地逐一被其他民族欺壓，同時，他們的文化也隨之被消滅。至於他們沒落的決定性因素，據傳可能是因爲太過散亂，沒有經過統合並建立國家所造成的。

在許多部族都被攻擊的同時，只有愛爾蘭地區在西元十世紀的維京人，以及西元十二世紀的盎格魯、諾曼底人來到之前，還未遭到大型的攻擊。因此，這些地方至今仍保留了一些凱爾特人的風俗習慣。

凱爾特占術除了有被稱爲德洛伊德的祭司之外，還有被稱爲瓦提斯的占術專門業者，他們也從事這樣的工作。

凱爾特十三樹占術的實踐

接下來我們來實際體驗凱爾特占術。

其方法極爲簡單，只要知道想占卜的人的出生月日，就能找到其個人所屬的樹，這種方法和出生的年並沒有關係。

生長在歐洲的樹當中，有些種類是我們東方人比較陌生的。在此，我們對下列的樹木做簡單的解說，但自己去查植物圖鑑也是不錯的方法。

要找出自己所屬的樹木有下列二個注意事項：

二月二十九日出生的人就算是三月份出生的。同時，只有一個月份爲二十九天，其他的月份皆爲二十八天。

一月（十二月二十三日～一月二十日）

樺樹：在凱爾特的十三樹占術之中，最早萌芽的樹便是樺樹。凱爾特人在迎接新年的時候，會燒樺樹的樹枝以驅走前一年的邪氣。

診斷：這個月出生的人，爲了坦誠的對待自己，反而容易自覺不安或是動搖。同時，因爲怠惰而總是希望事情是經由他人之手完成。

擅於尋找目標，人類便是因爲有目標才能使生活的力量湧出，因此，此人的生活力量强烈，持續力與責任感就成爲生活的重點。

二月（一月二十一日～二月十七日）

七度灶：新年結束，可說是一年胎動期的七度灶之月就來臨了。

七度灶又爲女巫之樹。凱爾特的女巫都攜帶著用七度灶的樹枝所做成的占卜棒。同時，德洛伊德祭司在進行喚回死亡戰士的靈魂儀式中，也會使用七度灶。

診斷：本月所出生的人被七度灶的巫術所守護著，是相當有自信的人。是個有主見的人，並會對其他人造成很大的影響力。

膽大並具有衝勁，但是所做的事不一定能成功。不怕失敗、擁有自己的主張，並且有自己的生活方式。如果能冷靜思考，並維持對周遭的影響力，這是獲得成功的秘訣。

三月（二月十八日～三月十七日）

梣樹：相傳梣樹能呼喚閃電、支配海洋。本月和脾氣暴躁的雷雨神有相當密切的關係，因此又被稱爲洪水之月。

燃燒梣樹所產生的高溫火燄，連礦石也能融解。同時，梣樹以下方不會長草而聞名，這被認爲是梣樹所擁有的毒素造成的。

診斷：擁有堅毅不撓的獨立精神，但是脾氣暴躁。

脾氣暴躁當然是缺點，但會隨著成長而學會控制情緒。自己覺得脾氣暴躁的時候，便會陷入自閉的傾向。

擁有這種傾向，在這個月份出生的人，有時會將激烈的感情爆發出來。此時爆發的本人，與周遭的人都會被撒上梣樹的毒。首先應該溫柔的與周圍的人接觸，這樣周圍的人便會打開心扉，本人的精神才會穩定下來。

四月（三月十八日～四月十四日）

赤楊：赤楊在春初會開花，這種樹和屬於一月份的樺樹同種類。樺樹是告訴我們一年的開始，赤楊則是告訴我們四季的開始。

赤楊是被獻給凱爾特神話中，帶來豐裕之神的布藍。

診斷：這和三月份的楞樹相反，赤楊的下方容易長草。赤楊所代表四月出生的人，希望和所有的人一起成長。好奇心强烈，喜歡去參與各式各樣的事情。一般來説是樂觀又受歡迎的。

四月出生的人，是十三個月之中，最活潑的人，但另一方面，缺乏愼重，因此必須留意受傷。

五月（四月十五日～五月十二日）

柳樹：正如柳樹生長在水邊的特性一般，是和水密切相關的月份。

水邊動植物是不可欠缺水的滋養，因此五月是支配著動植物繁殖或本能的主宰，同時自古以來，水便被認爲是感情轉變的象徵比喻。

診斷：是非常多愁善感又容易墜入情網的性格，對於他人的感情十分敏感，以慈祥的人居多，但是，同時又有任性以及一味追求快樂與舒適感受的傾向。

另外會有暴飮或暴食的特質，是個任何事情都容易過度的人，這月份出生的人若想有幸運的未來，首先要懂得培養理性的素養才行。

六月（五月十三日～六月九日）

山查：山查精靈歐恩是出現在凱爾特神話中，支配愛情和植物成長的神。同時在基督教中，山查是和聖母瑪俐亞神聖受胎有關連的花。

山查代表的是純潔，懷孕或是處女性過程的暗示，山查亦常被使用在婚禮上的禮花。

診斷：這月份的人多半看起來比較實際且年輕，這是由於他們十分的天真，同時頭腦靈活以及行動敏捷都是他們的特徵。但是，另一方面，容易受周圍環境所影響，比較不擅長佔有是他們一貫的方針。

至於山查，它是薔薇科的植物，所以這月份的人會較不在意自己所說的言語，有時會變成刺傷別人的話，所以要注意說話的藝術。不要太執著，也不要後悔過去曾走過的路，人生之路才會走的順暢。

七月（六月十日～七月七日）

橡木：對於凱爾特而言，橡木是代表森林之王的權威和威嚴的神聖樹木，七月這個月份，也被認爲是一年的折返點的月份，因而被重視。

德洛伊德是橡木的樹枝，具有進行巫術的能力，由於如此，這句話被認爲是由橡樹的凱爾特語，德洛而來的，因爲依據傳說，寄生在橡樹身上的成寄生植物會變成黃金的樹枝。

診斷：在夏至的前後，是自然能量最旺盛的時期，所以一切的能力都很强。是故理想很高，常爲了現實和理想的差距而煩惱。

本月份出生的人，要求安定的生活和急激的變化，是渴望有兩面不同生活的人，但也有能力去應付一切，會一直向目標前進，不會因爲現實與理想的差距而感覺不幸，能很踏實的向前邁進，必然能達到終點，所以請不要著急。

八月（七月八日～八月四日）

苳樹：苳樹在凱爾特神話中是被獻給冥界女神的母親賀蕾的賀禮。

苳樹和十一月份的常春藤有相合的特性，在凱爾特神話中也將兩者連在一體的成長過程描述出來，在這之中，苳樹表示女性，常春藤則代表男性，八月這個月份是暗示會有異性的友情發生或是有激烈的爭吵。

診斷：經常持續的有流動的能量灌注於體內。其充沛的活動力以及溫暖的包容力時常鼓勵著旁人，同時被周遭的人認爲在重大事件發生時，他是可以信賴倚靠的人物。

但是，平常性格較爲懶散，可是一旦下定決心想做事情的時候，就會將不輸人的潛力爆發出來。幸運是由人際關係或是工作之中學來的。

九月（八月五日～九月一日）

榛樹：榛樹會結紅色的果實，傳說中，吃到果實的人們，會被授予智慧，依據凱爾特神話，住在聖泉中的神聖鮭魚才能吃這種果實，榛樹以及蘋果樹一同被認爲是神聖的樹木。

診斷：知性與審美觀發達是爲特性，雖然對周圍的情形容易了解，但是對於自己自身的事情容易盲目，不去了解。

人生的浮沈激烈，但是經由這些考驗會得到更高的智慧，直覺會把眼光導向喜愛的對象。幸運就是由這種態度獲得。

十月（九月二日～九月二十九日）

葡萄樹：本來凱爾特人十分的喜愛飲酒。相當於葡萄收穫時期的本月份，表示歡喜以及開朗。

葡萄會滋潤人的喉嚨（會止渴），而帶來生活的活力。葡萄樹會捲在各種樹木上而成長，這種樹被認爲是連接地上的世界、冥界以及天界的階梯。

診斷：强烈渴望能幫助他人的性格。但相反的，自己的心情不被體察時就會焦慮不安，這可能是因爲使用纖細的神經服務他人所造成的。對本人而言，就是將自己想得到的也替別人想一份，因此，當沒有回收到感謝的報酬時就會很失望。

比較不擅常只追求自己的樂趣，而只有從很多對象中找出和自己相合且喜歡的事物、人出來，一定要找到使自己定心生活的場所。

十一月（九月三十日～十月二十七日）

常春藤：常春藤是攀爬在岩石上或大樹木上成長的。因爲凱爾特人認爲它會帶給女性幸福與幸運，所以因此而聞名，同時它也被當成驅逐魔鬼的藥來使用。

聽說，它通常被做成茶杯使用，或是製成飲料飲用，用以治療疾病。

診斷：這月份的人是很重視友情的人，由於性格直爽，所以可以交到很多朋友。但是在聽見別人的意見之後，就有易使自己混亂的傾向，如果優柔寡斷的個性强烈的表現出來，可能會什麼事都做不成了。

常春藤是以螺旋狀的成長。意味著乍看之下迂迴曲折的路才是捷徑。只要不使自己想法混亂，多多和人交往就會帶來幸福。

十二月（十月二十八日～十一月二十四日）

蘆草：蘆草是在本月收割而成爲對人們有用的作物。被風吹動的蘆草被使用爲綁繫小船的材料。和風中波浪聲有密切關係的蘆草，被認爲是連接看不見的世界和人間的植物，十二月是太陽之神死亡（一年的結束）的時期，可以說是可以平靜觀察的時期。

診斷：蘆草是連接人間界和神界的植物。被比喻爲本樹木的人，具有優秀的洞察力和觀察力，因此，擁有察知別人所洞察不到的事物的能力。同時最擅長於揭露出社會的黑暗面或者是喜好說別人的閒話，容易堅持自己的想法和探知別人的隱私生活，是個性上的缺點，並會形成危險的形象。應該要找到一份可以滿足好奇心的工作，因爲這樣才會使個性昇華，且得到社會認同。

十三月（十一月二十五日～十二月二十二日）

銀梅：銀梅是常綠樹種，也可以當成治療疾病的藥劑。這種樹是表示淨化舊的一年，迎接新的一年到來的大自然法則。

銀梅涵蓋著凱爾特人懷念舊的一年，又慶祝新的一年的到來的願望。

診斷：十三月份出生的人擁有自己的原則，不會因爲遭遇困難而感到挫敗，由於對待自己十分的嚴格，所以對任何人都可以公平的接觸。

没有任何執著，一切按照自己的良心和本能來採取行動。然而經常會輕鬆的踏入新環境而適應。如同太陽之神很乾脆的離開一樣，可以使自己一下子就適應新環境，並可以保持心靈的平安，並遇到新的幸運。

第2章 卜

瞭解對未來事物的對應之道

學業、工作、戀愛、災難、決斷……預測人生中會遭遇的各種事項，預測之中選擇出對障礙克服的對應法……本章將介紹最具占卜術特徵的占卜術。

易經占卜

自古以來人們便想預知不確定的未來。全世界都創造了各種不同的占卜法，尤其是古代的中國，發明了好幾種不朽的占卜術。

其中之一就是易經占卜術。

易經的根本就是陰陽思想。認為萬物的一切都是由正與負或陰與陽所形成，從表示出陰陽狀態的卦象中來判斷事物的變化……這就是易經占卜術。

易的定義與概略

易是以名爲『易經』的書裡所著的根本經典而成的占卜術。

易者使用筮竹或錢幣來卜卦。卦有六十四種類，這些卦象的意義分別記載於『易經』之中，若加以研究判讀就可以進行對未來的判斷。

易的來源

至於易這個字是如何誕生的呢？最早的一種說法就是「日」與「月」的組合所形成的

字。易是藉由陰陽的組合來説明一切現象的占卜術。所以表示陽的「日」和表示陰的「月」組合起來就產生了「易」這個字，這是易的由來之一。

同時依據中國古代『説文解字』的説明，易字意謂著「蜥蜴」，在中國，蜥蜴被認爲是會隨著周遭事物而改變身體顏色的動物。也就是説，易是探測事物變化的占卜術。

其他的説法是一面占卜一面抬頭仰望太陽而説「勿做某事」，所以是由「日」加上「勿」的組合而成「易」字。

所使用的道具

首先，必要的就是筮竹。這就是爲了要得到占卜的結果所刻下的特殊記號。

原來易經占卜中的筮竹材料是由稱爲耆草的莖加以乾燥而製成的，但那已是古代的事，現今都是使用垂手可得的竹棒。長度爲二十四~四十五公分，但不是一般化的四十公分，筮竹以五十爲一套，以及再加上使用的六枝算木(＊1)。

同時，也有使用錢幣爲筮竹的代用品。

八卦

同時爲了需要，卦的記號稱爲「爻」(＊2)。爻依分類以⚊表示陽的爻，以⚋表示陰的爻。易經是由這兩種記號組成，任何的事物都能夠加以占卜。

易認爲八卦是用以表示宇宙性質的基本，由於陰陽的相疊爲三段，因此產生2×2×2，八個種類的卦。由於如此才被稱爲「八卦」。

八卦各有其意義，所以易經也重視各別的意義。

有句話說「算卦也許靈，也許不靈」，也就是由易而來的諺語。另外相撲裁判所喊的「hakkeyoi」，也是因爲意味著八卦良的意思，表示「宇宙的陰陽的狀態好轉，而適合作戰的時刻」的意思。

八卦不僅僅使用在易的占卜上，其本身也被認爲具有神秘的力量，太極的周圍有八卦爲其搭配的護身符，在台灣與香港等地常見到。包括東洋的日本也有使用八卦爲護身符。

■■■

（＊1）**算木**：本來在有算盤之前是用來計算用的四角方塊木板。表示陰的算木中央刻有刻紋，每一次在求爻的時候就要放置六枝算木來代表六十四卦。但是易占卜使用算木是中世紀後的事，其本來的型態好像是在某一東西上刻畫記號來表示卦的意思。

（＊2）**爻**：爻有相交的意思，意味著陰陽相交而在天地間活動的意思，易認爲由上而下的想法，因此卦產生決定，爻便是依據這種思想。

■八卦

	乾 ☰	坤 ☷	震 ☳	巽 ☴	坎 ☵	離 ☲	艮 ☶	兌 ☱
自然	天	地	雷	風(木)	水(雨)	火(日)	山	澤
人間	父	母	長男	長女	次男	次女	么男	么女
屬性	健	順	動	入	陷	麗	止	說
動物	馬	牛	龍	雞	豬	雉	狗	羊
身體	頭	腹	足	股	耳	眼	手	口
方位	西北	西南	東	東南	北	南	東北	西

■六十四卦

[下卦]	[上卦]							
	乾(天)☰	兌(澤)☱	離(火)☲	震(雷)☳	巽(風)☴	坎(水)☵	艮(山)☶	坤(地)☷
乾(天)	乾爲天 ䷀	澤天夬 ䷪	火天大有 ䷍	雷天大壯 ䷡	風天小畜 ䷈	水天需 ䷄	山天大畜 ䷙	地天泰 ䷊
兌(澤)	天澤履 ䷉	兌爲澤 ䷹	火澤暌 ䷥	雷澤歸妹 ䷵	風澤中孚 ䷼	水澤節 ䷻	山澤損 ䷨	地澤臨 ䷒
離(火)	天火同人 ䷌	澤火革 ䷰	離爲火 ䷝	雷火豐 ䷶	風火家人 ䷤	水火既濟 ䷾	山火賁 ䷕	地火明夷 ䷣
震(雷)	天雷無妄 ䷘	澤雷隨 ䷐	火雷噬嗑 ䷔	震爲雷 ䷲	風雷益 ䷩	水雷屯 ䷂	山雷頤 ䷚	地雷復 ䷗
巽(風)	天風姤 ䷫	澤風大過 ䷛	火風鼎 ䷱	雷風恒 ䷟	巽爲風 ䷸	水風井 ䷯	山風蠱 ䷑	地風昇 ䷭
坎(水)	天水訟 ䷅	澤水困 ䷮	火水未濟 ䷿	雷水解 ䷧	風水渙 ䷺	坎爲水 ䷜	山水蒙 ䷃	地水師 ䷆
艮(山)	天山遯 ䷠	澤山咸 ䷞	火山旅 ䷷	雷山小過 ䷽	風山漸 ䷴	水山蹇 ䷦	艮爲山 ䷳	地山謙 ䷎
坤(地)	天地否 ䷋	澤地萃 ䷬	火地晉 ䷢	雷地予 ䷏	風地觀 ䷓	水地比 ䷇	山地剝 ䷖	坤爲地 ䷁

六十四卦

八卦相疊在一起稱爲六十四卦（大成的卦或是重卦），實際上，在進行易占術時，爲了「八卦疊在一起而得到六十四卦」而進行著六次的作業，以得到8×8，六十四卦。爻是由最下方按照順序稱爲初爻、二爻、三爻、四爻、五爻、上爻。

八卦被認爲是表示宇宙性質的基本，同時六十四卦則被認爲是表現一切運動的表徵。

六十四卦在易經之中是用來參考預測未來之用，但不是說易經之中就直接寫下了占卜的結果。有這樣的一則故事：

……有位年輕人到占卜師的面前要求占卜父親的病，占卜師藉由「地天泰」的卦象，意謂著安泰的卦象，於是易者對年輕人說他父親的病不久之後即將痊癒，所以年輕人就高興的回家了。可是由占卜師那兒得知這件事的智者卻斷言說，他的父親活不久了，即將死亡，其理由是：

「泰」的卦象是上由乾，下由坤所形成的卦，可是「乾」意味著「父」，「坤」意謂著「地」，就是所獲得「泰」卦的原因，意味父親即將死，被埋入土中。

就如智者所言，年輕人的父親不久便死了。

這一則故事告訴我們，易占卜者的判斷能力非常的重要，依據所得的卦象作出正確的判斷，才會成爲人類重視的占卜術。

同時，易經不只作爲占卜術而已，其實易經在中國是最高的哲學書。

儒家的始祖孔子，在他所著述的書中也有闡釋易經「五十以學，易學無太過也」。

所以孔子對於易經的解讀也是十分的辛苦，因此，上面那句話可能是意謂「易經艱深難懂，所以在五十歲之後累積了足夠的知識了，再學習比較好」的意思。

儒家思想與易經

儒家中列爲重要書籍的五經之中，『易經』是被排在最上面的。

他的『書經』、『詩經』、『春秋』、『禮記』是人倫的學問，但是『易經』卻被認爲是天地之間的學問。

哲學的易經最被重視的結果，被認爲「知易者不占」意味著不要只是把易當成占卜的道具而已，而是要當成人生的教科書，才是哲學家應有的態度。

雖然易經多被使用爲哲學家的書籍，但是也是人們用來占卜的書物。

易經在古代一直到現代都是用以預測未來，居東方占卜帝王之位，今後其地位也不會有所改變。

起源和歷史

易經

『易經』是中國古老的傳統書物，有關其成書的歷史傳說如下：「伏羲氏作八卦，周文王作六十四卦，周公做卦辭和爻辭，孔子作十翼」，『易經』被認爲是周文王所作，所以又稱爲『周易』。

文王爲西元前十二世紀的人，是周王朝的始祖，他將過去易占卜的知識整理出來，寫出六十四卦的卦辭，所謂卦辭就是解釋卦象的言辭。

文王的兒子周公繼承父志，繼續記載形成六十四卦的三八四種爻辭，直至如此，易經才能算是完全的成立。周公並將『易經』上的道理發揮在治國之上，也將國家治理得很好。

後世才出現的孔子是儒家的創始者，並非占卜師也不是政治家，儒家的義理是順著良心來行動，應該和占卜術没有關係。可是，孔子是以周的政治理想而聞名，因爲是文王著作『易經』，孔子才會重視『易經』，因此在儒家中，『易經』也是重要的書籍之一。

孔子對於難以理解的『易經』著有解説文，也就是所謂的『十翼』，是爲了要讓更多有學問的學者學會『易經』。由於如此，到了春秋戰國時代，易占卜漸漸取代了其它各種的占卜術，而成爲了占卜術的主流。

但是，『易經』不僅僅是和文王、孔子有關係，也和中國古代的神明與聖人有深切的關係。

可是不能將傳說的一切都看作爲歷史的事實，到了現代認爲古代人爲了要了解神的指示而把占卜術和陰陽說結合在一起，而形成了易學。

但是在易經中，有依據的一段話說「革時大哉」，因此，被認爲殷的武力擊倒了在周王朝時代大都已經成立的想法，比較妥當。

同時儒家重視的易經時也和西方的聖經相匹敵。

雖然現今已有語譯本，但要將古文的卦解釋出正確的卦象，必須是有經驗，有才能的人才辦得到。

陰陽思想

不過，易占術是自『易經』完全成立之後才有的事情是無庸置疑的，成爲易的根源的陰陽思想早在太古時代的中國就已出現，易占卜早在六千年前就被使用了。

在中國發生的，至今還爲人使用的易占術多半都有源自於中國的思想，各位有沒有聽過陰陽五行這句話呢?易已經將陰陽實現化。

中國神話中的伏羲是人面牛身的神，聽說他教導無知的人類畜牧、漁業、調理法等等。他將天體及地上之現象觀察的結果，下了某種哲學的定論。

宇宙的中心是混沌的太極，又能分隔成陰或陽，例如男與女，天與地，明與暗，上與下，動與靜是各自相反的現象。這就是陰陽五行說中的陰陽五行思想的真髓。有關五行說，『四柱推命』，請參照六十二頁。

易經的完成

陽和陰各三條所組合而成八個種類的卦被認爲自然現象，人事百般，事象的性質都能充當八卦中的一種。

陰陽八卦思想被下一個世代所繼承，由創造農耕與醫藥的神農氏以及發明船與車的黃帝所繼承，包括伏羲氏在內，這些人都是傳說中的神和皇帝。

其後，夏王朝的禹王將八卦疊成兩個，形成六四種。這就是從西元前二十三世紀～西元前十八世紀所出現「連山易」。

時代更行進到西元前十六世紀的殷王朝，以燒龜甲的方式，依據其裂痕來進行占卜，所以當時龜甲占卜十分的盛行。繼承在「連山易」之後的「歸藏易」便是在此時產生的。可是這時的易只能算是原始的易，被認爲只是簡單了解神明指示的簽物性質而已。

●從太極產生陰陽而演變成的六十四卦

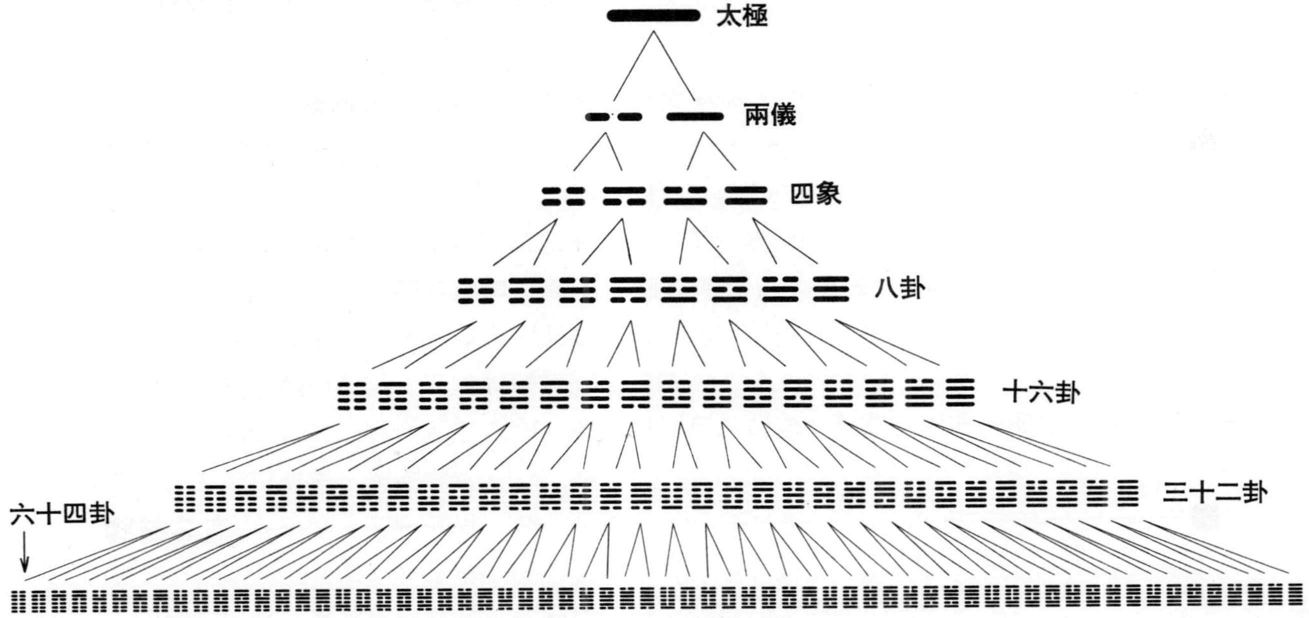

有關於這種易的先祖衆說紛紜，無法明確的了解，但在現代也沒有被流傳下來。

其後不久，周文王與周公、孔子就出現，易經也就變成了占卜術。

焚書坑儒

世紀前二百年，秦朝興起。

以建造萬里長城聞名的始皇帝，依據法家的思想進行嚴格的法治主義的政治。並將主張德治主義的儒者活埋，以及焚燒儒家的書籍。

可是易經是用於占卜的書籍，同時被斷定可加强君王的統治，所以倖免於難。

這對易經而言，對儒者而言，都是一個轉捩點。一來儒者是依據『易經』而研究儒學，同時有關『易經』的解釋也以儒學性的，也就是道德性的進行著。

易經的一般化

到了漢代，儒家的政治思想被朝廷採用與重視，易學也正式成爲國家一門重要的學問。

在漢代，廣泛進行的易的解釋稱爲「象數易」。

當時天人相關說的思想被强烈的信仰。也就是天與人相對應，如果身受天命的皇帝做了惡事，上天就會引來災難的說法。易經不但可助人了解天與人的關係，也被信賴爲研究出易中含括的秘密就能阻止防範上天降下的災難。

例如說，六十四卦中的十二卦，其實和十二個月相對應，和一年的運行有極密切的關係，這種想法就是與數秘學的層面有關，所以被稱爲「象數易」。和「象數易」相反的「義理易」，卻是强調易的哲學層面。

將義理易集大成的是魏代的王弼。王弼是採用老莊的思想來重新詮釋易，並認爲易是最高的哲學。繼承這種流派的是朱子學，其創始人是朱熹。他將『易經』斷言爲占卜的書，但確立義理學中對易的解釋，其對後世的影響持續到現代。

無論如何，對於具備即物的、功利主義的、現實的、哲學的漢民族而言，兼具占卜以及哲學書的易經，可以說是最適合他們的聖經。聽說中國人在別的家派也有研究易經而獨自作成解釋本的——家藏本。

日本易的開始

易傳襲至日本是在飛鳥時代五五三年的事，是由當時和日本關係密切的朝鮮半島的百濟國傳來的。

『日本書紀』記載說繼體天皇的五經博士以及欽明天皇的易博士都是從百濟來的。

天武天皇是在壬申之亂中獲得勝利，因而得到天皇位子的人。但聽說他相當喜好占卜，在壬申之亂時曾自己使用筮竹而占卜出戰爭的結果。

自天武天皇時代以來，古代日本根本法律的律令便已被整理完成。在律令的職員令之中，規定必須設置官方機構——陰陽寮。陰陽寮是支配占術的機構，其內部設有六位占師，所負責的是判斷地相的占術。

『易經』是儒學的重要經典，並在貴族之間代代相傳。藤原賴長以及藤原通憲是平安時代末期的貴族。藤原賴長有「天下第一大學生」的美名，而藤原通憲則有「天下才士」之美喻，他們不僅是精通漢學的政治家，對於易占也相當擅長。賴長在保元之亂時被殺，通憲則平治之亂時被殺。

根據當時京都人的傳言說，他們二人之所以遭遇不幸，是因爲他們沒有聽信孔子的勸告，而在五十歲以前就把易學好了。同時，『易經』也因此被視之爲不祥之書，自此以後，學易的貴族便越來越少了。

由於如此，安倍晴明的祖先和土御門家便取代了一般的平安貴族而掌管易。

土御門家是世代皆擔任陰陽寮長官，陰陽頭職務的家世貴族，最初是以使用式占盤的占術爲主，後來則轉變爲專門研究易占。

易者的出現

平安時代到江户時代的這段期間內，由於持續的戰亂而使得貴族逐漸的衰退，爲貴族工作的占術師們也隨之失去職業。

易學卻仍然相當普及，在街上便出現了一群以易占術爲職業的人。他們被稱爲「算置」，並且打扮成法師、修驗道的修驗者或者是流浪者，徘徊於街道之中。

其實易者既不是宗教家，也不是武士，但他們卻強調自己是神秘的或者是懂道理的占術師。其實他們只不過是表演者，和表演占術者是一樣的意思。

易者應要求進行易占，同時也進行祈禱。這些人到後來就被稱爲八卦見之易者。等到名氣稍微大了一點之後，聽說便有不少寺廟的施主支持他們。

至於易者在街坊上，則分成許多種類。

居無定所，一面旅行一面進行易占的我們稱爲日限或日切。而稱爲就込、流者或流卜的則是挨家挨户的拜訪替人占卜。

西元一七九〇年，第十一代將軍家齊傾心於朱子學，並因此而禁止其他一切的學說。

朱熹爲西元十二世紀的中國思想家，在當時的中國以再興衰退的儒學而聞名。朱熹使易學再度受到重視，因此也使得儒學在日本逐漸復甦。

坦白說，儒學之所以被獎勵，其原因是由於國內的治安太過混亂。在和平安詳的將江户時代，人們皆相當勤勞，因此生活過得十分安逸。

隨著儒學的發展，易也形成一股相當大的熱潮，此時著名的易者倍出。其中新井白蛾便稱爲易的大家。

他不但創造出被稱爲筮法的占術，並且還加以推廣。這種方法要比以前那種易於占卜的本筮法更爲簡易方便。

白蛾設立了稱爲占易館的私塾，並且培養出許多門生。晚年之後，便被加賀藩所招入。其所著的『古易對問』廣受讀者的喜愛，易占也因此相當普及。

西洋的易學

易占術不僅在東方持續蔓延，在西方擴張的速度也令人覺得不可思議。

德國的外交官亦爲哲學家的萊布尼茲(＊3)是所謂的數學者。他從中國的傳教士學到易經，並對易經保持相當高的興趣，除此之外，他還加上了自己的解釋。

萊布尼茲這位數學家是以二進位法而聞名。二進位法之起源，據說受到了易經極大的影響。由於二進位法是電腦的基本想法，所以有人主張透過電腦來傳揚易的思想。的確，現代的電腦只靠０和１二種記號，便能進行一切的演算處理，這和只依靠陽和陰就能占卜事物的占術有異曲同工之妙。

獲得諾貝爾文學獎的赫塞，曾經稱讚易經是東方智慧的集大成者。他也寫了『玻璃的遊戲』這本書。另外，精神分析學者容格也對易有很大的興趣。他認爲易會使人類的無意識明確化，所以他開始注意易。實際上，據說他也進行過易占卜。

現在，凡是受到中國文化影響的地方，易都是用來作決定的占卜法，並且占有重要的地位。

在日本大企業家的決策者之中，聽說有不少人是以易占術來決定行動的方針，特別是針對無法預知且尚未成交的生意。比方像投機買賣，就有人依靠易占術來預測市場上的變動。即使是在現代，易占術也佔了能預知變化的東洋占術之帝王地位。

■■■

（＊3）**萊布尼茲**：一六四六～一七一六年。德國的外交官、數學家以及哲學家。因爲是哲學家，所以主張（單子）因神而得的預定協調說，他是微積分的發現者。

使用筮竹進行占卜

大家都看過易者手拿筮竹棒進行占卜的姿勢吧！在易經中是使用五十支筮竹（實際上

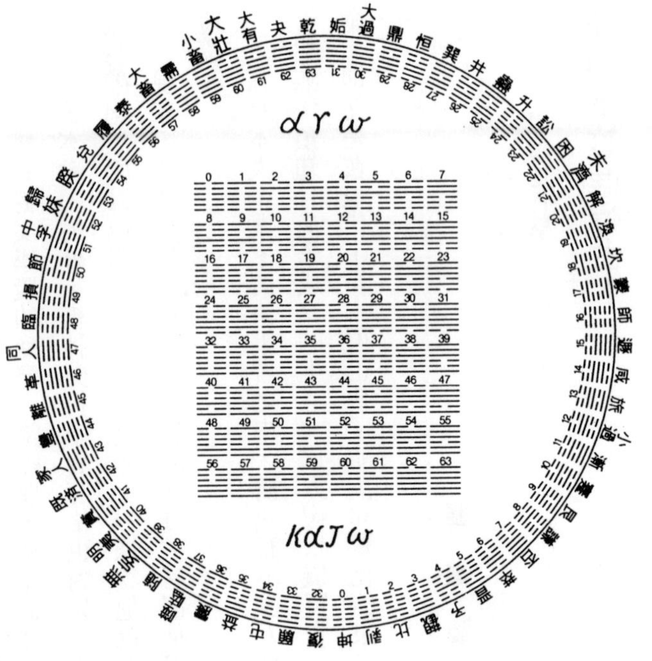

●萊布尼茲的易圖

只使用四十九支）進行占卜。

簡單的說，可以將筮竹分爲二堆，一邊數著有幾支筮竹，並從剩下的筮竹中來解出陰陽的爻而得到八卦。這就被稱爲筮法或占筮法。筮法可分爲本筮法和略筮法。

本筮法

此法爲寫在『易經』上方的正式方法，但其程序太過複雜，且所需花費的時間相當冗長，因此，現在的使用率並不高。

首先，準備桌子以及五十支筮竹，而後記下所得之爻（專業的易者是使用算木，不用筆記用具也沒有關係）的意思。此時必須靜心，並想著要占卜的事情。然而較爲正確的方法是進行占卜的時候必須焚香，並且集中精神。

從五十支筮竹中抽出一支，將這支比擬爲太極而不加以使用。剩下的四十九支拿在手上，專心一致的將筮竹分成左右兩堆。這樣的行爲在筮法中是相當重要的，並且必須以虔誠的心情進行。

在分開的筮竹中，左手拿的稱爲天策，右手拿的則稱爲地策。將右手拿的地策之筮竹放置於桌子上。從地策的筮竹中抽出一支，將這一支夾在小指和無名指之間。這一支筮竹稱爲人策。這便當作是天地人三才。

接下來將左手所拿的天策，以四支爲單位用右手來數。這四支據說被比擬爲四時（四季）。全部算完之後，把餘數（如果沒有餘數的時候，便是四支）夾在左手的無名指和中指之間。

將剩下的天策放在桌子上，並將剛才放在桌子上的地策用左手拿著。此時，和算天策時的方法一樣，用右手各數四支。數完之後將餘數（沒有餘數時就用四支）夾在左手的中指和食指之間。將夾在左手的筮竹堆成一堆，放在桌子的角落。

這種程序結束之後，將剩下的天策和地策放在一起，並反覆的作同樣的動作。這樣的程序要再做兩次，也就是說全部共做三次。然後將最後剩下的天策和地策，合併起來並計算它們的數目。

剩下的筮竹數目必定是二十四支、二十八支、三十二支、三十六支當中的一種。其便可各看成爲24＝6×4、28＝7×4、32＝8×4、36＝9×4。

在易占術中把奇數看成陽，偶數看成陰，所以二十四支和三十二支稱爲陰，二十八支和三十六支稱爲陽。

其中九視爲陽之極限而稱爲老陽，六則爲陰的極限，稱爲老陰。二十四支是老陰、三十二支是少陰、二十八支是少陽（＊4）、三十六支是老陽。

由於如此，我們已經可以算出最下方之爻（初爻）的陰陽。

如果是陽就是━的爻，若是陰的話就是╍爻。如果老陽和老陰出現的時候，則在爻的旁邊作一個小記號（這稱爲變爻）。

將最下方的爻（初爻）求算出來之後，再將第二個爻以和初爻一樣的順序求算出來。然而要持續算到第六支爻（上爻），也就是全部要進行六次。因爲這樣才能夠得到六十四卦中的一卦。從得到的這一卦中，再參考『易經』這本書中所寫的象數來作判斷。

像這樣的本筮法，過程相當的複雜，所以不太常被使用。

■　■　■

（＊4）　**少陽、少陰**：「少」是年輕的意思，是應對「老」的稱呼。同時，在易經中「老」含有「極限」的意思。

略筮法

這是在前面所提到新井白蛾所推廣的。這個方法是一口氣算出八卦。此法在現代的易占術中使用率非常高。如果占者占卜時非常虔誠，獲得的結果便不會和本筮法互相矛盾。

這是從五十支抽出一支，再使用所剩下的四十九支筮竹。手上拿著四十九支筮竹，並專心一致的將它們分成兩堆，左邊爲天策，右邊爲地策。

將地策放在桌子上，並從地策中抽出一支夾在左手的小指和無名指之間當作人策（剩下的地策不使用）。

然後將天策各數八支，若加上除了人策那支以外所剩的數目，在八支以內的話，便可停止繼續數下去。剩下的一支（就是人策的那支而已）當作乾的八卦，兩支則是兑，三支爲離，四支爲震，五支爲巽，六支爲坎，七支爲艮，八支爲坤。

將這八卦作爲下卦（内卦），再作一次同樣的動作以求出上卦（外卦），如此便可以求出六十四卦。

這樣便可獲得所要求的六十四卦。但爲了求得變爻，則必須再重複一次類似的步驟才行。將四十九支分成天策和地策，從地策中抽出一支作爲人策。接下來將天策各數六支，再加上人策的那一支剩下的數若在六支以内就可以不用再數了。

剩下的數若爲一支（就是只剩人策的那一支），便當作初爻，兩支則爲二爻，三支則爲三爻，四支爲四爻，五支爲五爻，六支則看爲上爻的變爻。

如此所得到的卦，便可參考『易經』下定判斷，這樣的方法和本筮法相同。

韓國國旗的秘密

使用八卦的圖案，最具代表性的就是大韓民國的國旗。它常被稱為太極旗。在中央的勾玉，是表示陰和陽混合在一起的太極圖。其周圍配置著八卦中的乾、坤、坎、離四卦。

這四卦各表示天、地、火、水。這是表現陰陽中的和平與安定。同時此四卦也有仁義禮智、東西南北的意思。

『易經』為重要的儒教書，而韓國國旗則可說是表示這個民族的儒教性。國旗本身為一種神聖的圖形，意味著韓國人民將自己國家的繁榮寄託在國旗上面。

在漢城市區內可以看到懸掛著正易社、命運鑑定院等看板的店鋪，集中在占卜街上，據說這裡有兩千位占卜師。關於升學、結婚、事業等問題都要仰賴占卜師，這是韓國人的國民性。

擲錢法

又稱爲「火珠林」，是投擲錢幣求卦的方法。

當然專業的占卜者是不會使用這種方法的，但是這種方法比使用筮竹簡單多了，所以一般坊間廣泛使用。這種方法在中國唐代到宋代之間非常盛行（有一種說法是從後漢的時候就開始使用了），和本筮法比較起來歷史較短，但這種方法仍擁有相當悠久的歷史。

虔誠的占卜便可得到想求的答案。這種擲錢法可分爲使用三枚錢幣求爻，以及六枚錢幣一口氣求出六十四卦等兩種方法。聽說戎族也是採用這種擲錢法進行易占術。

使用三枚幣的方法■

首先準備三枚錢幣，這三枚錢幣種類要一樣，最好是使用五元等中間有洞的錢幣（因爲中古代的錢幣中間有洞）。

心平氣和的想著自己要占卜的事，並投擲三枚錢幣。如果三枚錢幣皆爲正面，這就表示老陽，兩枚表示少陽，兩枚背面則表示少陰，三枚背面就是老陰。這種占術能決定初爻，所以可以將它記錄下來。若出現老陽和老陰的時候，則和筮法相同，在爻的側邊做上記號。反覆作業六次以求出六十四卦。

使用六枚錢幣的方法

在六枚錢幣中做上記號，並決定好每一個錢幣所對應的爻。將全部的錢幣投擲出，一口氣求出六十四卦。這種方法雖然不能得到變爻，但是沒有關係。

像這樣的擲錢法所求出的卦，可參考『易經』來判斷答案。

關於變爻

易經有一種重要的思想爲「陽極生陰，陰極生陽」。也就是說當達到極限時，就會轉變成相反的性質。老陽是陽的極限，老陰則是陰的極限，所以認爲老陽是轉移爲陰的前兆，而老陰就是轉移爲陽的前兆。也就是說老陽的爻轉變成陰之爻，而老陰的爻則轉變成陽之爻。

例如說坤卦的初爻爲老陰的時候，我們就認爲初爻將逐漸轉變爲陽之復爻，坤爻也同時要參考復爻。這就稱爲之卦。但如果使用筮法或三枚錢幣的擲錢法，有時會出現幾個變爻。此時不要當作之卦，而要看在『易經』中所對應的爻辭加以占卜。

以這種方法得到的六十四卦，必須參考『易經』來作占卜。但在此無法詳細的叙述解說，因此想了解的人請參照專門的書籍。

塔羅占術

在中世紀的歐洲世界裡，因為宗教忌諱鍊金術和心靈思想，所以這些東西便遭到迫害。在這段黑暗時期中，有一種占術是絕對見不到陽光的，那就是被吉普賽人（＊1）所使用，並且被稱為神秘學者的人研究的塔羅占術。

塔羅牌每張都繪有暗示的插圖，占術師依序排列並讀出所代表的意象。塔羅牌不僅能預測未來，也能將人的內心世界如鏡子般的照映出來。塔羅牌的存在可稱為隱秘學之集大成者。

依靠靈感進行諮導

西洋的占術大致可分兩種流派，一種是依據嚴密的計算、統計學以及天文學等科學所支持的，另一種則是依據占者的靈感和直覺進行占卜。

前者的代表是占星術，後者的代表則是塔羅占術。

一提到塔羅占術，就會讓人聯想到戴著黑色面紗的神秘女子。實際上塔羅占術可說是由吉普賽人傳開，並且殘存至今的占術。

不僅塔羅占術如此，凡是依靠靈感的占術，如水晶占術、寶石占術、蠟燭占術等不勝枚舉，這一切都是吉普賽人所使用的占術。

塔羅和塔羅牌

塔羅在全世界中廣受歡迎，所以有許多種名稱。

在美國、英國以及法國稱爲「塔羅」、義大利稱爲「塔羅克」，德國則稱爲「塔羅庫」。塔羅的英文是TARROT，在日本一般稱爲「塔羅特」。但是專家們多稱爲「塔羅」。

至於塔羅牌整套正式的名稱是DECK（卡疊）。

塔羅牌可分爲大秘儀（阿爾卡那）和小秘儀兩種，大秘儀有二十二張，小秘儀則有五十六張牌。

塔羅的起源相當悠久，並且散播在世界各地，因此，大阿爾卡那的圖案、順序以及解釋也因地區的不同而有所不同。而小阿爾卡那牌的張數也有所不同。

大阿爾卡那是描繪著抽象性的人物或事項等，一一排出並註明1號~22號，或者是0號~21號。小阿爾卡那則依象徵的不同而分成四個種類，每一種類有十四張共計五十六張。

這七十八張牌全都含有抽象性的意義。

小阿爾卡那牌是遊戲使用的牌，其構成和在日本所說的撲克牌（trump card）相同。正確來說，在小阿爾卡那加上大阿爾卡那的「愚者」牌（相當於鬼牌joker）就是撲克牌的組成。因此，有一種說法是小阿爾卡那爲撲克牌之起源。

解決問題的占術

占術可說是一種爲了預測未來的手段，也可說是判斷個人性格的手段。

塔羅占術是特徵相當明顯的占術，尤其和不依靠靈感而以「理論占卜」的占星術互相比較，便更突顯出其特徵。

占星術主要是從想占卜的人或事項獲得資料，並從中探索其命運，比較適合於預測未來。但是占星術並沒有加上人的心態，僅依靠行星的運行，而引導出今後發生事情的可能性而已。雖然占星術能清楚的了解個人的本質，也能判別未來的總轄性，但很難講求具體的對策。

和占星術比較起來，塔羅占術是依據事物的原因以及心理來判斷現在的狀況，可明確了解未來狀況以及心理狀態。同時如果占卜方法正確，便能明確找出解決問題的方法。

但如果對於想要占卜什麼並不能確定的話，就無法得到正確的答案了。至於所包含的問題事關重大，或對未來有重大的影響，就不適合用此來進行占卜了。

同時，占星術有某種程度的科學根據，對於所得到的結果，可以向衆人解釋清楚。但塔羅占術主要是依靠占者的靈感及直覺來導引出結果，因此缺乏科學的根據，無法客觀的證明其判斷結果是否正確。

正因爲如此，我們可說占星術是以綜合性的方法談論未來。但是塔羅占術是具體地判斷事情的未來。爲了配合占卜個人性格或個人現在的狀況，而去判斷未來應該如何才能改善。

以占星術爲代表的占術純粹是判斷未來，但以塔羅爲代表的占術則是以咨導性質爲主的占術。在西方，占星術廣受王侯貴族以及知識階級所歡迎，而塔羅占術則被一般庶民所喜愛。

身爲一個領袖，需要判斷不確定的未來以及展望大局。然而不管任何人，站在個人的

■ ■ ■

（＊1）**吉普賽**：在此所提到的吉普賽，是指在西元九世紀到十世紀左右在印度西北部所産生的雅利安流浪民族。其是以低種姓種族（caste）爲起源。除了從巴爾幹半島、西班牙散布到歐洲地區之外，並且進駐美國。精通歌舞音樂，多從事低賤的職業，各種族依自己的習慣選首長，並過著自治性的種族生活。

立場時，都渴望解決自己身邊所發生的各種問題。占星術和塔羅占術各有其擅長的領域，但都是人類所需要的占術。

塔羅的起源

到底塔羅牌的背景是什麼時代、什麼地點呢？是誰開始進行的呢？這些至今仍不能得到確實的答案。現在在世界各國所建立的說法有印度說、北非（埃及）說、阿拉伯說、摩洛哥周邊說，以及中國說等等。

可是任何一種說法都沒有明確的史實根據，一切都只是猜測罷了。

其中最普遍的說法如下：

……西元十三世紀在小亞細亞發明了紙的生產技術。在這個時期，紙做爲遊戲或占術的小道具，而塔羅牌是在文藝復興時期，以義大利爲中心而廣泛的流傳開來。

當然，這是爲了要使塔羅的發祥地更爲明確的說法，但這樣仍有些欠缺說服力。

至於其他的說法，各有其相當有趣的理由。

埃及起源說

法國的考古學家安東尼·庫特·杜·傑布朗，是提倡埃及起源說的人。

『塔羅的遊戲』、『太古的世界』在學術界掀起了很大的波濤，其文中提到了「塔羅是由吉普賽人所發明的，並且將它引進歐洲」。

『太古的世界』這本書記載了關於塔羅牌的原典，以及二十二張寓意圖畫，是將古埃及睿智集大成的宗教性教義書籍。

以前，隨著基督教合法化所造成的宗教迫害，導致埃及祭司受迫、寺廟被燒毀的事件發生。有位奇蹟般死裡逃生的祭司，將各種描繪神的壁畫記在卡片上帶出來。流浪的吉普賽民族帶走了這些卡片，並經由亞歷山大而傳到了義大利。

後來，塔羅牌經過地中海諸國傳到了歐洲，雖然是在暗地裡傳播，但仍然廣受歡迎。但是傑布朗指出「這本教義書籍就是有關古代埃及錬金術的魔法奧義書『叨忒之書』」。

根據他的說法，塔羅的語源，TARROT，其中的A是教理、後面的ROT則是ROSH（意味水星的睿智之神——叨忒。在占星術中是指墨丘利（水星）），其附帶的冠詞T是表示TAROSH，也就是『叨忒之書』的意思。

埃及起源說在傑布朗之後，法國及英國等地有很多人繼承其後，進行相關的研究。其中以葉迪拉、歐斯華·威特、巴彪以及利未等較爲著名。到了西元二十世紀則出現了瓊京·班·蓮塞拉，並在他所寫的『知識與遊戲的預言牌』中提出了最後的結論。

當然，從歷史的觀點來看，傑布朗等人的說法並無任何根據，而且其考證也太過牽強。

吉普賽人愛好塔羅是無庸置疑的事實，由於吉普賽人的語源爲Egyptian（埃及人），所以說塔羅的起源爲埃及就顯得理所當然了。

印度起源說

也有人說吉普賽人就是古代的印度人，因此便產生了印度起源說。

同時，自古以來印度便一直流傳著和塔羅牌相似的印度牌（Hindu card）。

現在住在印度的印度人，與歐洲人其實是屬於同一個起源的種族，而本來住在印度的人卻被外敵趕走了。

此後，他們便一面過著游牧生活，一面經由伊朗、小亞細亞附近進而進入歐洲。這是西元十四世紀～十五世紀左右發生的事情。

到達歐洲之後，他們遭受到迫害與歧視，因此，只能在社會的下層邊緣生活而已。這樣的歧視一直持續到現在，據說納粹德國也曾虐殺過五十餘萬的吉普賽人。

吉普賽人爲了生活，便開始進行各式各樣的生意，而其中最著名的就是占卜術。因爲成爲占卜師，因而使他們的社會地位獲得某種程度的提升。

因爲占卜師是告知衆人之命運的人，所以其地位當然不能被忽視。當地的居民對吉普賽人保有相當的神秘感、恐懼感以及尊敬，因此對他們的迫害也逐漸緩和。

同時，在塔羅占術師的世界之中，所有的技術都是一脈相承的。吉普賽人擔心自己的權利遭到侵害，因此將塔羅占術的秘訣隱藏起來，並且絕對不告訴別人。由於如此，塔羅牌的起源以及塔羅占術的歷史也一起被隱藏起來。

根據印度起源說，一部份的吉普賽人流浪到最後便進入了埃及。而當時的塔羅牌已經進步爲現在的形態。

在西元十六～十八世紀之間，塔羅牌經由義大利普及到整個歐洲。

阿拉伯起源說

義大利的學者柯培澤，在西元一四八〇年左右則提倡阿拉伯起源說。他主張的並不是塔羅牌或塔羅占術的起源，而認爲紙牌遊戲的起源是源自於阿拉伯圈內。

阿拉伯人從西元七世紀左右起，便常渡過地中海攻擊其他歐洲國家。由於如此，便有一種說法是阿拉伯藉由這些戰爭，而將塔羅牌傳到義大利。

當時的遊戲牌都是以阿拉伯語「耐普」作爲名稱，並將所佔領的西班牙地區之紙牌稱爲「耐普斯」。至今，西班牙還有稱爲「嗆布列」的遊戲紙牌。

中國起源說

在古代的中國，獵人或農夫會使用箭來進行祈禱收成的儀式。這種咒術儀式，後來轉變爲專業的占術師判斷個人事項的命運儀式。同時，原來用來作爲道具的箭，後來則以占術使用的專門棒代替。

不久因爲紙的發明，這種棒子便改爲細長的紙牌。根據估計，紙牌出現的時期，大約是在西元前二世紀到西元二世紀之間。

古代中國的紙牌和歐洲的舊紙牌有很多相似的地方，因此，才會有在中國發明的紙牌，透過絲路而傳到歐洲的說法。

這也就是說，中國起源說所下定的結論是，首先在世界上出現了祭祀用的紙牌以及遊戲用的紙牌，這些就是塔羅占術原形。

現存最古老的塔羅牌

根據推測，塔羅占術已進行相當長的一段時間了，但現存最古老的塔羅牌，其年代距今並不久遠。

據說現存最古老的塔羅牌，是在西元一三九二年獻給法國國王查理六世的紙牌。

傳說查理六世是個瘋子，周邊的人爲了要安慰他，便製作出一套塔羅牌給他。當時的印刷技術並不發達，於是由宮廷畫家賈克曼·格蘭戈梅描繪出二組大阿爾卡那牌。

然而現在只剩其中的十七張，並被秘藏於國立的圖書館內。

後來在世界各地都有塔羅牌的製作，但以古典聞名的塔羅牌是在十八世紀後才描繪出來的。

依靠圖占卜未來

不管塔羅占術的起源爲何，紙牌的原典與宗教以及哲學有關是不容置疑的事實。特別是描繪大阿爾卡那的抽象性圖片，也都具有神秘的色彩，同時，還包含了人生哲學的意義在裡面。在中國的易中，也有以集合符號來進行占卜的卦，然而，爲何塔羅占術會以圖案來做占卜呢？

假如說紙牌的起源在於埃及，並且起初是以描繪壁畫以及經典之圖爲主。如果是這樣的話，便能找到使用圖片進行占卜的理由了。

因爲文字尚未普及化的埃及，爲了向不識字的民衆布教，因此便使用圖片。實際上，埃及的神官描繪神的壁畫向民衆傳教，這是一個事實。神官們喬裝成流浪的吉普賽人在各地傳教，如此一來，使用紙牌就不會令人覺得不可思議了。

由此看來，我們便可以理解，在中世紀的歐洲，塔羅牌之所以會如此普及於庶民之間的理由了。由於一般的庶民皆爲文盲，因此，只須看圖片就能理解的塔羅牌和難以理解的占星術比較起來，塔羅牌便顯得相當的平易近人。

但是無論如何，關於塔羅牌的起源，至今仍是一個謎。然而正因爲其發祥的秘密還未明朗化，所以才更適合塔羅占術。

既然使用的方法是利用圖片所引導出的意象來預知未來，因此，不會被特定的思想或教義束縛。

塔羅的歷史

雖說起源衆說紛紜，然而吉普賽人視之爲占術秘儀的塔羅，在長久的歷史之中，仍有一段時期曾被知識階級以及哲學家注重，並視爲重要的研究對象。

重視塔羅的人們，分別是中世紀的鍊金術師、秘術師以及隱秘學者等。雖然從現代的實證主義看來，並沒有任何的學説能加以證明，但其對當時的文化所造成的影響是絕對不容忽視的。

同樣的，塔羅也擔負著一部份的任務。

被宮廷所招聘的塔羅占術師

原本塔羅是屬於社會最下層的吉普賽人所使用的占術。然而，在中世紀時廣受鍊金術師矚目，也許就是因爲這樣的理由，所以造成了陰險等負面的惡魔形象。

在盛行狩獵女巫的時代，塔羅占術師也曾被視爲異端而遭到迫害。但也由於如此，反而使得塔羅的神秘性以及可信度更爲提高，且沒有因此而消失。

塔羅雖然屬於一般庶民的占術，但仍然有一些著名的占術師被上流社會邀請。在拿破崙時代，一名女子魯諾曼曾擔任王妃約瑟芬的御用占術師。據說，除了塔羅之外，她還創造了許多新的占術。但魯諾曼也和其他的塔羅占術師一樣沒有弟子，因此，這些神秘的占術如同秘密一樣，隨著她的死去而石沈大海。

鍊金術的傳說

傑布朗是研究塔羅起源的學者，自從他提倡埃及起源說以來，鍊金術師們便開始極度的注意塔羅。這可能是因爲他們認爲研究塔羅便可以學會鍊金術。

鍊金術師們對塔羅開始注意是由於『叨忒之書』。因爲叨忒神被認爲是鍊金術之神。叨忒神被視爲古希臘神話中的赫米斯，同時也被創造成稱爲赫米斯·托利斯梅基斯

（比赫米斯還要偉大三倍）這號虛構的人物。根據傳說，『叨忒之書』就是托利斯梅基斯所撰寫有關鍊金術的奧義書。

但這不能只視為笑話，因為從西元前二九〇〇年左右開始，努比亞地區的埃及人確實擁有貴金屬的精鍊技術，這種技術在當時而言，已經進步到令人覺得不可思議的地步了。同時，在埃及的壁畫中有描繪關於神官作化學實驗的情況，因此，更確認了古埃及便存在著相當進步的金屬精鍊技術（鍊金術）的說法。

塔羅的研究者們

・艾里法斯・利末

西元十九世紀，法國的隱秘學者艾里法斯・利末和塔羅有著密不可分的關係。利末是著名的秘密結社，薔薇十字團的成員。薔薇十字團以研究猶太人的秘儀卡帕拉聞名的，因此，他便將卡帕拉以及塔羅連貫起來，並加以進行研究。

利末使用萬物照應這句話來解釋塔羅。

簡單地說，就是能理解自然之理的人，便具有能看見一般人所看不見的東西，或是能聽見一般人所不能聽見的聲音等生命能力。若要學會從塔羅牌中讀出意象，必須先培養這種生命能力以接近真理才行。

•巴彪

法國的醫師巴彪，曾在西元一八八九年著作『波希米亞人的塔羅』這本書。波希米亞人也就是吉普賽人的同義語，他在本書中談論著有關塔羅以及卡帕拉的關係。

巴彪在塔羅占術方面是以時間的預測爲概念而聞名。他根據卡帕拉的法則，將大阿爾卡那以及小阿爾卡那的所有牌分爲代表月、日或是其它時期以及方位等部份，如此一來，便能使過去在塔羅占術中沒有辦法得知的「什麼時間」、「什麼地點」等疑問一一解答出來。此人的本名爲傑拉爾·安卡斯，巴彪是其筆名。

•阿瑟·愛德華·威特

西元一八八六年英國出現了稱爲Golden dawn 魔術機構的組織。而Golden dawn 則是意味著「黃金黎明」的意思。

阿瑟·愛德華·威特是屬於這個秘密結社的一員，在他的著書『塔羅圖解』之中，公開了過去一直保持神秘狀態的紙牌解釋。

由於『塔羅圖解』這本書的出版，使得原本只屬於一小部份人，其餘的人皆對其投以異樣眼光的塔羅占術以及塔羅紙牌，終於獲得了公民權。

雖然沒有其科學化，但卻使得人人都能夠實踐塔羅占術，威特的成就應可獲得相當高的評價。

新時代

在中世紀的時候，鍊金術是在相當私秘的保護狀態下進行的，不過儘管如此，鍊金術仍然相當盛行。可是隨著時代的進步，鍊金術的熱度也逐漸消退了。

這可能是因爲其中的秘密存在於塔羅牌中，以致於無人能夠解明才失傳。

然而從近世紀到現代，在發掘了大部份的埃及遺跡之後，此謎底也幾乎公諸於世。我們發現『叨忒之書』其實並不存在，那只不過是古代神官們所寫的衆書之中的一部份而已。同時，據傳在基沙的金字塔内存在著刻有鍊金術奧秘碑文的Emeraldtabet（翡翠碑），但至今仍未被發現。

可是塔羅占術並沒有因此而衰微，之後經由追求神秘的人之手，使得塔羅得以繼續發展下去。

近代被稱爲最偉大的魔術師的阿列斯特·克勞利，對於塔羅的研究也不遺餘力。最近，特別是在美國，研究塔羅的風氣相當盛行。

本來塔羅並沒有正式的教典，其紙牌的圖案以及解釋也有相當程度的自由，因而有著新的解釋的新塔羅（New Tarot）便紛紛出現了。

新塔羅是按照自古以來占術的手法以及形態等，將紙牌的圖案、解釋以及設計的部份加以改造而成的，其充分發揮了重視神秘氣氛的塔羅牌變化形。

塔羅牌的種類有以埃及的神爲題材的Egyptian tarot（埃及塔羅）、Agjuariumtarot以及Esteric（奧秘的）tarot等。西元一九七二年阿曼·布迪克因發表了六角形的塔羅紙牌而遭到非議。

在日本塔羅開始流行是在西元一九六五年的事情，之後便相當普及了。西元一九七五年，神户的地下街舉辦了「塔羅展」，在這之後，塔羅占術便紛紛出現。由木星王出版的『吉普賽占術——塔羅入門』之後，再度掀起了一股熱潮。

前面所介紹的新塔羅現象也同樣的影響到日本，由各個著名的占術師所設計的獨家塔羅頻頻出現。

雖說現代是科學化的時代，但對信賴占術的人類而言，其是否有科學性的根據似乎已不重要了。除了從統計以及圖表可以引導出結果之外，依靠强烈靈感的占術師們其神託性也是不可或缺的。

占術的實際

使用塔羅紙牌占卜的方法，在世界各國存在著許多不同的種類。如果只是將占術本身的方法，按照順序記錄下來，這樣的話任何人都能學會。

塔羅占術所需要的道具基本上只有七十八張紙牌而已。

占卜前需要做淨身或是鎮心等準備。

然後使精神集中於想占卜的事情，並將紙牌完全混合，這稱爲Shaffle（洗牌）。接下來將紙牌分成三堆，然後再整理成一堆，這稱爲Cut（切牌）。完成這樣的程序之後，占卜的準備工作便告一個段落。

依照特定的程序來區分紙牌，將放在桌上各個位置的紙牌一一翻到正面，然後由每一張紙牌所代表的意思，或由紙牌互相連貫的狀況來判斷以進行占卜。像這樣展開紙牌的步驟，稱爲Spread。而從紙牌讀取事物，也就是占卜的步驟，稱爲Reading。

在正式的塔羅占術中，大小阿爾卡那全部都要使用，但如果只使用畫著意象性質圖案的阿爾卡那，也是可以進行占卜的。

只使用大阿爾卡那占卜，最簡單的方法稱爲One oracle（一神諭）。也就是一面用手將紙牌混合，一面想著要占卜的事情，然後從中抽出一張紙牌就可以了。

紙牌所代表的意思是抽象，同時占卜是依靠自己的靈感，因此可以採用這樣的方法。

塔羅牌的意義

在此，我們來觀察二十二張大秘儀所代表的意思。

如果你擁有塔羅紙牌，則可以試試使用一神論來占卜。

但這只不過是一種形象的結果罷了，並沒有絕對的解釋。

在塔羅占術中，占者的靈感比什麼都重要。例如抽到代表凶兆的「死神」牌，若能獲得破解並創造出新意象的話，便應該加以好好保留，不必被定論所困惑。

至於所有的紙牌都具有二種相反的意思。翻開時如果紙牌是倒置的便稱爲反位（reverse），其解釋就會和原本的意思完全相反。

魔術師（THE MAGICIAN）

意象：自信、獨創性、有彈性、積極性。

在大秘儀中的第一張牌是魔術師。魔術師的身旁有杯子或是劍等，是暗示著可能性以及柔軟性等項目的排列。同時，必定描繪著表示無限制的麥俾烏士帶（Mobiusband）。充滿著要開始爲新活動熱身的準備。但若爲反位的話，則表示未知的未來感到不安以及最初的挫折。

女教皇（THE HIGH PRIESTESS）

意象：知性、理解、論理性、常識。

一般來說塔羅牌中的圖案大多是呈現出神秘並惴惴不安的氣氛。在這些牌子當中，女教皇的牌子最容易讓人感到安心。

其代表著寧靜又有禮貌，或者表示事物井然有序的狀態。若爲反位則表示神經質或乾燥乏味等負面意象。

女皇（THE EMPRESS）

意象：豐裕、慈愛、結婚、母性。

華麗堂堂的女皇牌能讓人連想到成熟的中老年女性。其所代表的意思爲母性。

抽象的意思爲精神上或物質上的充裕、美以及寬容。若爲女性的話，則具有領導的能力。如果是反位，則暗示運動不足、肥胖、虛榮心强、女强人、怠惰等從母性可連想到的惡習。

皇帝（THE EMPEROR）

意象：意志力、支配、獨立、父性。

所表示的意思是和女皇牌相對的父性。一般的皇帝牌是拿著笏，並坐在玉座上的圖案。這絕對不是一張壞牌，但有時皇帝的表情暗淡凝重，這可能是因爲要象徵父親的樣子。

表示强烈的意志力、魄力或者是充滿成功的自信。如果是反位的話，則暗示著自我本位、任性、事業失敗或是具有同性戀的傾向等。

法王（THE HIEROPHANT）

意象：信仰心、援助、慈悲、轉換。

雖沒有像皇帝那樣雄壯，但所描繪的仍是聰明並且穩重的男性。

女教皇、教皇是暗示在精神方面的穩重而獲得成功，而女皇及皇帝則是暗示著因積極的行動而獲得的成功。同時，這些紙牌可解釋爲與人際關係有密切的關聯。若這張牌的位置爲反位的話，則意味事情的遲滯、鈍重、格式化並且難以理解等意思。

情人（THE LOVERS）

意象：熱情、愛、誘惑、獨佔慾。

是大秘儀牌中，最明確化暗示戀愛以及熱情的牌子。據說這張牌所支配的行星就是金星，同時也象徵著愛慾、性愛以及獨佔性等。

雖說是代表戀愛的牌，但若解釋爲好牌則顯得有些輕率。戀愛是包含著迷惑與痛苦的，因此，即使有障礙，往往也身陷其中而看不清楚。

戰車（THE CHARIOT）

意象：勝利、成功、積極、克服困難。

其圖案是描繪著駕著被許多隻馬拉著的戰車勇士。如果是中世紀的紙牌，有些則是繪著騎士的圖案。

這張牌是明確表示積極的牌，暗示著參與積極性的活動。其反位的解釋相當簡單，意味著因過度的衝動而導致失敗、受傷、敗北或是不留神。

剛毅（STRENGTH）

意象：勇氣、英雄、決斷力、能量。

有時只描繪著巨人，有時則描繪著抱著獅子的少女。這是一張相當抽象、表示力量的紙牌，因此，想從此圖得到解釋略顯困難。

這張牌所代表的意思和戰車很相似，都具有積極的意思，但這張牌還代表著耐久力以及持續力。若爲反位時則可解釋爲弱體化以及不能控制過盛的力量所引起的不幸等，二種負面的解釋。

隱士（THE HERMIT）

意象：思慮、自制、真實、判斷力。

一般來說隱士牌上畫著的圖案是手拿拐杖、白鬍鬚、穿著長袍的老人，從名稱上容易直接解釋爲隱士，但其實這張牌應解釋爲賢者或者是哲學家。

這張牌所代表的意義是良性的，除了有良好的思慮以及判斷力之外，還容易得到他人的幫助，並因而獲得勝利。若爲反位時，則暗示著屬於老人的負面意象，例如頑固、疾病或無精打彩等。

命運之輪（WHEEL of FORTUNE）

意象：幸運、命運、無限、宿命。

在所有大秘儀牌中，是屬於給人印象相當深刻的牌子。原本告知命運就是占卜的本質，因此牌子所發生的任何狀況都是非常重要的。

代表事物的轉換期，並象徵著事情的好轉、回復、新的邂逅以及機會等。若爲反位的話，則代表不幸的開始、危險等。

正義（JUSTICE）

意象：平等、誠實、均衡、中立。

這張牌所代表的意義較爲抽象，但大部份的卡羅牌裡所繪製的圖案大致相同，是一張非常不可思議的牌子。其圖案爲一位女性一手拿著天秤，另一手則拿著劍。

天秤是平衡的象徵，而持劍的女性則代表爲了保持現狀的守護者。若爲反位，則表示優柔寡斷、八面玲瓏、怠惰等，以及因平等或平衡的狀態而導致的厄運。

倒懸者（THE HUNGED MAN）

意象：考驗、自我犧牲、改善、服從。

是一張很難解釋的牌。一般來說就是以倒懸者這個名稱作爲固定的稱謂，但仍有些卡羅牌稱之爲死刑者或是殉教者。

雖然並非只有不好的解釋而已，克服痛苦的考驗，獲得最後的幸福也是屬於此牌的解釋。若爲反位時，是代表著没得到什麼收穫，但仍必須付出相當的辛勞。是最壞的牌。

死神（DEATH）

意象：死、凶兆、離別、破壞或再生。

描繪著揮著鐮刀的男性骷髏。總而言之，這是一張不吉利的牌子，但別以爲抽到死神這張牌就一定會陷入不幸，當其爲反位的時候，是意味著已破裂的感情或已壞掉的東西之重生。可說是經過波折，但最後仍獲得好的結果。

節制（TEMPERANCE）

意象：節約、秩序、忍耐、智能。

任何一種卡羅牌上所畫的圖案皆爲瓶或壺以及女子。大部份的圖案是女子二手執壺，其中間有水流穿梭。這種牌特別具有幻想性，是最具塔羅牌特徵的牌子。若爲反位時，其所代表的意思爲唐突、浪費、自我意識强、感情混亂等。

惡魔（THE DEVIL）

意象：屈服、誘惑、學問成就、超能力。

紙牌上的圖案一般都是描繪著頭上長著山羊角的惡魔，足邊還有被鎖鍊綁著的男女。和死神牌一樣，被看做是相當不吉利的紙牌。但其實這張牌並不是表示死亡或是斷絕希望，而是意味墮落或疾病等不幸。當其爲反位時，是表示睡醒、打破惡運、改邪歸正從困境中掙脱出來、健康等。倘若現在的情況越糟，則此牌的代表的意思便越好。

塔（THE TOWER）

意象：災難、驕傲、疾病、墮落。

因卡羅牌的不同而有所不同的圖案，如閃電、通天塔、神之家、醫院……等圖案。而有關圖案的模特兒，據説是以巴比倫崩毀的通天塔爲定論。皇帝牌是四號，十六號便是二張四號牌相乘所得出來的數。這是暗示著神對於皇帝被打倒相當生氣，也就引伸爲「因散漫而失敗」。塔羅牌中很少有高塔的圖案，但是其反位所代表的意義也沒有很好，是一張難以應付的牌。

星（THE STAR）

意象：美、順利、生命、健康。

星星一向被認爲是象徵著希望。若爲舊式的卡羅，則是描繪著大地、河流、水注等女性的姿態。據説這是古埃及大地母神愛西絲的化身，祂所注入的便是滋潤自然界農作物的甘露水。從前是表示豐饒，現代則被認爲是暗示著靈感的牌子。若爲反位是代表遲鈍、無法被認同以及沒有目標等，與其説是不幸，還不如説是不起眼。

月亮（THE MOON）

意象：不安、說謊、背叛、寂寞。

多半是相當優美的圖案，可與太陽形成一對牌。因爲是夜的象徵，所以所代表的並非是吉利的事項。圖案中的月亮不是滿月，而是有缺陷的形態，就是表示對於未來狀況不確定。

若爲反位的話，則暗示著不久以後情況就會好轉、等待就會好轉、幸福等。反位的解釋要比正位好。

太陽（THE SUN）

意象：成功、幸運、繁榮、財力。

毫無疑問的，太陽所代表的是絕對的吉兆。大部份的牌中都繪著橙色或是黃色的大太陽，也有的是繪著小孩子的圖案。這表示承受著光與熱，並且孕育著新的生命。

結果是反位的話，則表示以小孩子爲原因的障礙、成績退步、或因工作太過困難而精疲力竭等。

審判（JUDGEMENT）

意象：覺醒、復活、發展、精神力。

所有的卡羅牌，其圖案都很相似。所描繪的是出現在天空中的天使吹著喇叭，而地上的死者從墳墓中復活等圖案。這張牌被認爲是以基督教「最後的審判」爲定論，與其說是表現正義的牌，不如說是代表嚴厲制裁的意志。

然而，塔羅牌的解釋意義相當廣泛，包括了如新的出發、從無生有、愛之加深、破鏡重圓、下定決心等等。

世界（THE WORLD）

意象：完成、和平、靈感、高揚。

一般來說是位在大秘儀牌中的最後一張牌，圖案有許多種，但多半是以令人感覺華麗的圖案作為結束。

最重要的意思便是大團圓，這是一張不必解釋便可以看出的好牌。若為反位則表示事情半途而廢、無法繼續完成的意思。

愚人（THE FOOL）

意象：未成熟、具冒險心、夢想家、無知。

牌子的解釋較為困難，正面具有凶兆，也同樣具有吉兆的意思。此牌在大秘儀之中是最特別的一張，有時沒有號碼，有時為一號，有時為二十二號，還有時候被看成為〇號。有一則很有名的說法是，據說愚人牌是樸克牌中鬼牌的原形。

由於占術以及遊戲的種類不同，所以有時此牌被視為最強的，有時則被視為累贅。所暗示的功能是天國或地獄。

樸克牌占術

我們在迷惑或困擾的時候，都會想找一些事情來依靠。各種占卜術就是在人們這種期望之下，一直傳襲到現在。可是，有些煩惱沒有人可以商量，要自己一個人解決才行。如果此時身邊有樸克牌的話，就能依靠占卜來整理分析本身的煩惱。

樸克牌占術能滲透至所有的國家和每一個人心裡，並且從過去盛行到現代，便是基於這樣的理由。

作為占卜用具的樸克牌

在現代的日本中，樸克牌成爲所謂的table game（桌上遊戲）的始祖，又被看成爲遊戲用的道具。實際上，這並不是錯誤的。然而一提到樸克牌占卜，可能是因爲太方便，因此容易被輕視。

可是，本來樸克牌並非是遊戲的用具，而是一種因占卜而發明出來的道具。

在占卜的各種方法之中，道具爲紙牌的，除了樸克牌之外還有塔羅占術。其實這兩種占術的起源是相同的，並且經過相同的過程、演變以及權力的迫害。它們兩者的關係可說如雙胞胎一樣密切。

樸克牌是以室內遊戲的用具形式廣泛普及於世界，當然日本也不例外囉！因此，任何人可能都有玩過的經驗。

其實，樸克牌正式的紙牌名稱爲Playing－Card，但通常稱爲Card而已。樸克牌這句話是源於拉丁語「勝利」的意思。如果當成遊戲用語，則具有「王牌」的意思。

樸克牌的種類

全世界的樸克牌種類相當多。而占卜用的樸克牌則可分為標準型以及歐洲大陸型二種。

・標準型

其一副牌之中包括了為五十二張紙牌以及一張或是二張鬼牌，一般的樸克牌大部份是屬於這種標準型。由黑桃(♠)紅心(♥)方塊(◆)梅花(♣)四種圖案為一組（包括四種種類，由稱為suit 的單項目所形成）。一副牌是由A（ACE）、K（國王）、Q（王后）、J（士兵）等花牌以及2～10的數字牌共計十三張所組成的。

・歐洲大陸型

並沒有所謂的組，而是由一個種類所構成的牌子。因為國家的不同，紙牌的張數便各有異。如德國和西班牙為四十八張牌；義大利為四十張牌；其他國家則有三十六張、三十二張、二十四張等各種變化型。

由於歐洲除了用數字牌玩遊戲之外，用做占卜也是相當盛行，因而產生了許多種類的變化型。

擁有四種元素的樸克牌組（種類）

古代西洋哲學家們的學說中，有一種思想爲「這個世界是由地、火、水、風等四種元素所構成的」。這四種元素都能配合人的氣質，被認爲各代表壓抑型、熱情型、感情型、知性型等四種。

中世紀以後，樸克牌也引起了四元素的概念，其中所包含的四組，各表示著地、火、水、風等四種元素。然而，因爲這四組集合在一起便能夠表現一切森羅萬象的意義。相信各位都知道，當時的樸克牌已正式使用於占卜。

從必然所產生出的偶然

爲了預測未來或判斷人際關係，因而常使用樸克牌占卜。這可以說是爲了占卜「想和某某人相好」或「某某的願望是否能如願以償」等庶民的願望而發展出的結果。

實際上樸克牌占術是存在於庶民之間的占卜術，它在民間非常普及，爲什麼樸克牌占卜術在民間會那麼受歡迎呢？

「……樸克牌和人類一樣是在四元素之下所出現的，並且擁有靈魂。其靈魂依據人類靈魂之呼喚而覺醒，爲了要對應人類（靈魂）的訴求，並感應森羅萬象的四元素流程，因而可從中得到答案。」

這就是樸克牌占術的原理，其亦含蓋著靈性的要素。

樸克牌占術之所以普及世界的原動力，可說是基於這樣的理論，及其便利性等原因，才會具有如此大的魅力吧！

人類世界的一切事物皆可說是由各種偶然所累積而成的，然而這些偶然卻都是必然會發生的事情。

例如說茶杯從手上滑落而破……這是一件偶然的事，但若要追究其原因則可回溯到「茶杯潮濕」、「手鬆開」、「粗心大意」等必然的原因。

「偶然」不會是完全偶然發生的，其中必定有必然的原因存在。

那麼占卜戀愛時，紙牌要如何排列呢？爲什麼紙牌會這樣排呢？

這可說是偶然，但也並非完全是偶然。因爲占卜者反覆思量這些問題，才會排出這樣的圖形。以這樣的方法思考，雖說只是在偶然的情況下排列出來，但卻表現出相當不可思議的魅力。

樸克牌占術相當方便，隨時隨地都可以進行。在進行時還可以將對自己有利的留在心中，以及對自己不利的事忘掉等心理控制。

方便、簡單、神秘、只相信對自己有利的想法、使自己產生希望……其實樸克牌不能說是純粹的占術。但是因爲沒那麼嚴肅，因而才能在民間那麼普及。

樸克牌的專門用語

這些用語不僅使用於樸克牌，也被使用於塔羅占卜等紙牌的用語中。

◎展開（SPREAD）

將樸克牌在桌上展開、配置。

◎洗牌（SHUFFLE）

將紙牌放置在桌上或手上並加以混合。

◎切牌（CUT）

將紙牌分成兩組以上的牌堆。

◎堆牌（PILE）

就是將紙牌堆成一束的意思。

◎底牌（BOTTOM CARD）

牌堆中最下方的牌稱為底牌。

◎正位（UPRIGHT ASPECTS）

由正面看紙牌所出現的正確位置。

◎反位（REVERSED ASPECTS）

由正面看紙牌呈現相反或倒置的狀態。

◎花牌（COURT CARD）

ACE、國王、王后、士兵等有圖案的紙牌。

◎數字牌（NUMERAL CARD）

從2到10等的數字牌。

◎紙牌卜卦（CARTOMANCY）

使用紙牌占卜的全名。

樸克牌的起源

有關樸克牌的起源，其實也和塔羅牌一樣衆説紛紜，但至今仍然沒有任何確證，所以其中的疑點相當多。

其中有一種說法是樸克牌的發祥地爲東方，並自東方傳至歐洲，關於這點在各種說法中是相同的。而樸克牌以中國爲發祥地的說法是較爲值得採信的。

以中國為發祥地的樸克牌

現存最古老的樸克牌，據說是在西元九六九年的中國所發明的。

這種牌和現在的樸克牌性質不太相同，它的性質介於樸克牌遊戲和麻將中間。據說這種樸克牌是經由絲路傳到歐洲，而演變成現在的型態。

在西元三百年左右的唐代中葉，在中國被稱爲「葉子」的原始麻將亦相當流行。當時遊戲所使用的牌子是紙製的。

除了記載數字的紙牌外，麻將亦由人物或抽象圖案不同的幾種設計圖案所構成。其中以貨幣、弦、一萬、十萬爲分類的四種葉子最有名，這是和由四元素所組成的樸克牌或初期出現的一部份塔羅牌（五十六張的紙牌成爲一組，並分爲四種）的共通點。

如果這種中國起源的說法是正確的，那麼，樸克牌、塔羅牌和麻將便可以說是有相同的起源。

葉子的起源

葉子的起源也是在古代中國。

當時的中國在農耕或狩獵方面都使用箭來占卜，後來轉變爲使用棒子。等到紙發明了以後，紙便代替了棒子。

在朝鮮半島所發明的紙牌上描繪著箭，這正可以證明這種說法。

這就是說中國發明紙以前，占卜用的紙牌就已經被發明出來了，後來便演變成遊戲的道具。

在歐洲的發展

根據推測，在西元十一世紀到十三世紀之間，東方所發明的紙牌傳到了歐洲。西元一三七七年引進義大利、一三八二年傳到法國、一三八七年傳到西班牙。

當時的紙牌不僅使用於遊戲，還混合著像塔羅牌一樣的花牌，因此和現在的樸克牌結構並不相同。塔羅牌是由二十一張大秘儀和一張添牌及五十六張小秘儀組成。這張添牌被稱爲ill mat，是一張沒有號碼且不可思議的紙牌，也就是現在所謂的「愚者牌」。這張牌也就是樸克牌的鬼牌。

塔羅牌的小秘儀是由劍、棍棒、聖盃、貨幣四種類以及從1到10的數值牌和國王、女王、騎士、士兵等四張花牌所組成的，這樣的結構和樸克牌非常類似。

至於塔羅牌和樸克牌的關係，現在有人主張「小秘儀從塔羅牌獨立出來而成爲樸克牌」以及「葉子牌是小秘儀及大秘儀結合起來而成的」等兩種說法。不論是哪一種說法都可以看出當時的主流是塔羅牌，樸克牌似乎有被吞沒的傾向。

而樸克牌脫離塔羅牌再度獨立是西元十四世紀的事。十四世紀後期，塔羅牌的小秘儀是以數字牌（Numeral）的名稱脫離塔羅牌而獨立。後來數字牌演變成包括黑桃、方塊、梅花、紅心等四種種類傳襲至今，也就是現在的樸克牌。

在日本的樸克牌

當時的樸克牌擁有占卜及遊戲兩種功能，並且不斷演進。然而一進入日本，占卜的功能便喪失了，成爲純粹的遊戲道具並廣受歡迎。

天正年間日本國產的樸克牌出現了，其名稱爲「天正歌留多」或是「UmSum 歌留多」，這可能是使用西班牙或葡萄牙的樸克牌爲範本所作成的。其包含了劍、盃、貨幣以及棍棒等四種類。至於花牌則是具有日本特色的七福神以及朝臣。

後來在西元一五九七年，長宋我部元親發布了賭博歌留多諸勝負禁止令，使當時廣泛被用做爲賭博道具的樸克牌被禁止。因此，樸克牌爲了逃離權力而流竄到世界各地，但仍因爲多次的賭博禁止令而逐漸沒落。

在這段期間內出現了代替被禁止的樸克牌而製作出的花牌，這種牌是將樸克牌變更成不會被禁止的型態，但樸克牌從舞台上消失之後，仍廣受歡迎，因此，可說日本花牌是由樸克牌演變而成，但仍是屬於第二流的紙牌。

隨著明治時代的開始，樸克牌也逐漸復活成爲室內遊戲，也就是所謂的桌上遊戲。將樸克牌用作爲占卜，並廣爲普及是昭和年代以後的事。

組和紙牌的意義（正位及反位）

說明樸克牌每組各代表不同的意思。同時正位以及反位所表示的意義也不同（沒有正反區別的牌子，在占卜之前請作記號）。下面將其所暗示的事項一一舉例說明。

•方塊：

說明天亮也就是一天的開始、少年期、春天（三月到五月）、一個月的第一個禮拜、金錢、經濟、財產、事業繁榮。

A：「正位」金錢的繁榮及成功／「反位」金錢上的失敗、不幸福。

2：「正位」男女關係的起伏與痛苦／「反位」經協助或協調而獲得成功。

3：「正位」人際關係的破裂、離別、金錢上的糾紛。
「反位」新的邂逅、事態的好轉。
4：「正位」人際關係的失敗、煩惱、深度的煩惱／「反位」避開煩惱、慎重。
5：「正位」成功與繁榮、安定、幸運／「反位」過份的野心、失敗、不安定。
6：「正位」早婚、事業成功、幸運／「反位」婚姻失敗、寡婦、事業失敗。
7：「正位」非常成功、有能力以上的表現／「反位」狀況惡化、失敗。
8：「正位」因為長輩而形成煩惱、晚年所產生的問題、孤立。
「反位」忍耐、信念、假日。
9：「正位」積極、冒險、轉換／「反位」浪費、徒勞無功、長期化。
10：「正位」旅行、遠行、出遠門／「反位」保守、四面楚歌、無法理解。
J：「正位」行動派、八面玲瓏、不受信賴、害群之馬／「反位」具有野心。
Q：「正位」社交性、具性魅力、備受矚目、虛榮、任性／「反位」情場失意。
K：「正位」男性魅力、權力、霸氣／「反位」激情、獨善、獨佔。

・梅花：

白晝、最盛期、青年期、夏季（六月到八月）、一個月的第二個禮拜、幸福、友情、名聲、名氣、成功。

A：「正位」金錢上的繁榮及成功、努力的成就。
「反位」短暫的幸福、舞台暗轉。
2：「正位」意想不到的敵人、背叛、失去信用／「反位」單獨、獨立。
3：「正位」四周環境的變化、線索／「反位」精神失調、無節操。
4：「正位」因為停滯不前而造成惡化、突然的災難。
「反位」狀況的回復、慢慢的好轉。
5：「正位」平穩、和異性的邂逅／「反位」挫折、士氣低落。
6：「正位」協助、協調、共同關係的成功、新的邂逅。／「反位」和朋友不和。
7：「正位」成功勝利、意想不到的幸運／「反位」異性關係的失敗、得不到幸運。
8：「正位」對於金錢的執著、支配慾、金錢糾紛／「反位」缺乏人情味、寂寞。
9：「正位」障礙、困難、對立、嚴重的犧牲。
「反位」金錢上的安定、報酬、忍耐。
10：「正位」會理財、恩惠／「反位」意想不到的破綻、無可奈何的離別。
J：「正位」青春期、熱情、活力、飛躍／「反位」內向、神經質。
Q：「正位」好的女人、良好的伴侶、圓滿／「反位」懦弱的女性、誘惑。
K：「正位」領導力、具人情味、慈祥／「反位」獨斷的、不誠實。

・紅心：

傍晚、壯年期、秋天（九月到十一月）、一個月的第三個禮拜、愛情、戀愛、結婚、夫妻。

A：「正位」健康、新戀情、羅曼史／「反位」家庭環境的煩惱、混亂的愛情。

2：「正位」幸運的徵兆、解決煩惱／「反位」不滿足的愛、交錯。

3：「正位」事與願違、性急、感情豐富／「反位」達成目標、克服困難。

4：「正位」獨身、戀愛失敗、深度迷惑／「反位」聰明、否定。

5：「正位」意志薄弱、逃避現實、深度迷惑、無力／「反位」逞強、希望。

6：「正位」警告、誘惑、粗心／「反位」童貞、處女、第一次的嘗試。

7：「正位」戀愛的挫折、過度信賴、孤立／「反位」幸運、安定、平穩。

8：「正位」活動、舒適／「反位」具衝擊性的戀愛、中途而廢、缺乏認真。

9：「正位」希望及願望的達成、在社會上有成就／「反位」墨守成規、失敗。

10：「正位」和平的降臨、好的邂逅、安詳／「反位」失戀的徵兆、計劃受挫。

J：「正位」親友、友人、和舊友的關係／「反位」忌妒、敵意、本心。

Q：「正位」理想的女性、得到女性支援、捨身／「反位」變心、累贅。

K：「正位」理想的男性、環境良好的家庭、自由。

「反位」墓穴、脾氣暴躁、不可信賴的情人。

•黑桃：

黑夜、結束、晚年期、冬天（十二月到二月）、一個月的第四個禮拜、災害、疾病、損失、勞苦、失戀、死亡。

A：「正位」疾病、挫折、死亡、不幸／「反位」脫離逆境、意志堅強。

2：「正位」分裂、離散、訣別、近親者的不幸／「反位」妥協、協調。

3：「正位」凶兆、暗雲、破裂、三角關係／「反位」迴避、消解。

4：「正位」短暫的不幸、虛度、延期／「反位」小小的幸運。

5：「正位」磨擦、誤解、情敵出現、失意／「反位」禍不單行、進展。

6：「正位」暗礁、走投無路、中斷／「反位」從挫折中站起來。

7：「正位」失意、失望、衝突、悲嘆／「反位」新的交際、前途令人期待。

8：「正位」孤立、孤獨、強烈的反對、疾病／「反位」克服、重新出發。

9：「正位」攸關生命的事故、強烈的凶兆、疾病、痛苦。

「反位」不信、不安、危險。

10：「正位」凶兆、事與願違／「反位」不幸中的大幸、救援之手。

J：「正位」流浪、無責任感、無魄力、惡友／「反位」潛力、頑強。

Q：「正位」未亡人、寡婦、不幸的女性／「反位」頑強、壞女人。

K：「正位」狡猾、破壞、不幸／「反位」有正義感、執著。

•鬼牌：

JOKER：「正位」意外、雙面性、希望之光。
「反位」懶惰、無責任感、單純。

樸克牌占術的實踐

至於運用樸克牌來占卜，在全世界中有許多改良過，或是重新創造出來的方法。因此，要學會所有樸克牌的占卜法幾乎是不可能的。

在此，我們僅介紹較著名的幾種占星術以及基本的型態。

紙牌處理

新購買的樸克牌還不能立刻進行占卜。

在進行占卜之前，必須先經過幾次洗牌、切牌以及展開，使手上的紙牌能夠充分的混合散開。其基準是占卜的人感覺足夠便可以了，如此一來，之前的準備工作可算完成。

用作占卜的牌絕對不能借給別人，也不能夠作爲遊戲使用。因爲占者必須對此牌有足夠的愛心，才能使此牌具有靈性。若輕易的借給他人，他人的氣便會進入此牌之中，使此牌無法認清誰才是真正的所有者。

洗牌

所謂洗牌就是在占卜之前，將紙牌混合的程序，其方法有相當多種。

將紙牌放在手掌中進行的「Hindu shuffle 印度式」是最標準的一種型式，其他還有如在賭博時所使用的「Ruffle shuffle 父切式洗牌」，這是放在手中並分為二堆，然後加以互相混合的方法。

然而，這些方法都不適合占卜時使用，因此在占卜時都不會使用。所必須使用的方法是將紙牌放在手上，並加以互相混合，也就是在塔羅牌中大家所使用的「Circle shuffle 圓圈式洗牌」方法。

將充分混和好的牌以各種占術所指定的方式切牌，接下來便可開始進行占卜。

・蒙特卡羅的配置

使用的牌：除了鬼牌以外的五十二張牌。

占卜目的：具體的願望是否能如願以償。

這在日本是最標準的占卜方法。將完全洗好的紙牌由左至右排五張，並依序在下方排

蒙特卡羅的配置

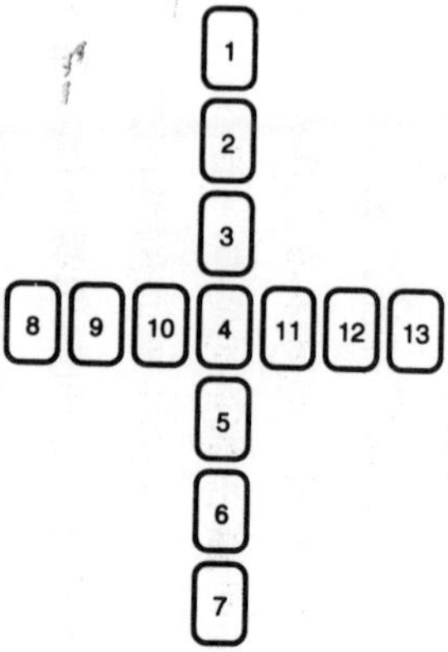

神秘十字的配置

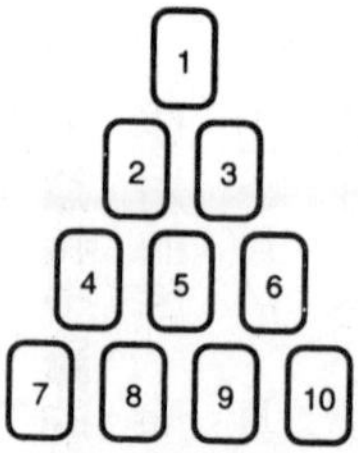

金字塔的配置。

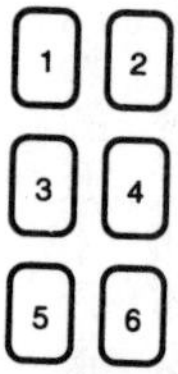

從過去到現在
以及未來的配置。

出四列（合計五列），共需要用到二十五張牌。

接下來將縱、橫、斜等位置相同數字的牌子，各以兩張爲一組來刪除。被刪除的牌其位置按照順序往上排列，在最下方補充新牌使其保持五列二十五張的狀態。

依此類推，將可刪除的牌刪掉，直到手上的牌全部用完爲止，這就表示其結果是好的。如果手上剩下的牌超過十張時，則表示此願望難以如願以償。

・神秘十字的配置

使用的牌：除了鬼牌以外的五十二張牌。

占卜目的：特別針對戀愛問題。

根據自己現在所處的狀況以及能影

響自己的環境，推測戀愛過程爲目的。

先從十二張的檯面紙牌當中，決定對方的象徵樸克牌，然後把它排在另外一處，如果自己是女性，就使用紅心Q當這種象徵牌；如果自己是年輕的男性，則是使用紅心的J，但中年男性是使用紅心的K。接下來將剩下的五十一張樸克牌洗一洗，並隨意選出十二張牌，再和另外已拿出的象徵牌子混合，然後再洗一次牌。

洗完牌之後，將牌的表面向上，以縱行的上面牌七張，第四張的右邊又左邊各排三張，從左邊將樸克牌排列成十字狀。

縱向的樸克牌是你現在的環境，橫向的樸克牌是你自己能夠加以改變的環境。最後，依據中間的樸克牌和象徵樸克牌的位置來讀取狀況。

・金字塔

使用的樸克牌：除了鬼牌之外的五十二張樸克牌。

占卜的目的：有關看不到前途的問題。

暗示著將來能預想到的問題或應該留意的事項，也指示出自己對於這個問題如何採取行動才好。先將樸克牌洗一洗，然後將樸克牌分成三堆。

常使用右手的人面對著右邊的那一堆，配置作爲最下方的方式按照順序把樸克牌堆積起來。常用左手的人，就把左邊那一堆排在最下方就可以了。

接下來在所有樸克牌中隨意選出十張牌，將選出來的第一張樸克牌作爲金字塔的頂點，在頂點下方的第二列中放兩張、第三列中放三張、第四列中放四張，而做出有如金字塔般的三角形。作爲金字塔頂點的第一張樸克牌，是意味著您的現狀、第二列中的兩張是表示應採取的行動、第三排的三張是表示採取行動的結果及周圍的環境、第四列的四張則暗示著未來。

・由過去到現在以及未來

使用的樸克牌：除了鬼牌和2到6之外的三十二張樸克牌。

占卜的目的：有關事項的全貌。

將三十二張樸克牌洗完之後放置於左手。然後再去掉由上面數來的三張樸克牌，再將接下來的兩張牌由左向右並排橫列。接下來從手牌去掉三張牌，然後再選出兩張牌，排在前面兩張牌的下方由左向右並列。然後再一次地從手牌去掉三張再選出兩張牌，排在前面兩張牌的下方由左向右並列，從手牌去掉三張選出兩張牌，排在前面四張牌的下方由左向右排列，而完成了展開的動作。

最上面的兩張是表示過去、中間的兩張是表示現在、下面的兩張是表示未來，依據個別的組合而判斷此占卜牌所給予的暗示。

氣　學

氣學是從中國引進日本的占卜術中最古老的一種。其實，不知道氣學這個名稱的人，可能都曾聽過「一白水星」或者是「九紫火星」之類的名稱吧。

氣學是由中國思想原點的五行思想和陰陽思想出發。不僅可以占卜出時間性的未來，也可以占卜出空間性的土地吉凶，是利用範圍非常廣的占卜術。

由於利用的範圍非常廣泛，所以氣學是與我們日常生活緊密結合的占卜術。

時間的周期性操作命運

大部份的占卜術在其根底裡都隱藏著周期的思想。

這就是將一日、一個月、一年或者是更長久的歲月看成一個系統，認爲過了一段時期之後，性質不同的時期便會來臨。這樣的思想意味著時間的周期性操作人的命運。

諸如此類的想法和人類基本的感情會一致，不管是起源自東方或者是西方的古老文明，必然都存在著重視周期的占卜術。

氣學是起源自中國的周期性占卜術之一。

其早期的思想不僅停留在占卜術的領域裡，而且對於其他中國體系的占卜術、思想及哲學都有影響。氣學可以說是中國根本思想的一種。

氣學又可以稱爲九氣學或九星學(＊1)，認爲是九個氣依序輪流而形成歷史（或是方位或其他），並以此想法爲根本。

因此，人也會受到出生的年、月、日的氣影響。由於影響個人的氣和年、月、日或方角之氣的相合，而會產生吉凶。

氣學主要是使用在方位術和擇日法兩種方法上。

方位術有時候會與風水結合在一起，而用來思考地形之類的問題，但是也有純粹成爲和方位相關的占卜術，或者是咒術而發達的流派。平安時代的日本貴族間就曾經流行過。

所謂擇日法，就是選擇進行事物好日子的方法。雖然和氣學没有什麼關係，可是大安與佛滅等的六曜是日本最普及化的擇日法。風水術等中國體系的咒術在選擇吉日時，也多半會利用到氣學。

占術師基於流派的不同而將自己的手法稱爲九星學、九氣學、氣學、九氣方位術、九星方位術等等，但是在這裡爲了避免產生混亂，這一類的占卜術就統稱爲「氣學」來進行說明。

氣學的起源和歷史

談到氣學的起源要追朔至傳說中的古中國王朝——夏朝。

在夏禹時代，相當於黃河支流的洛水氾濫而出現了大烏龜，在這烏龜的甲殼上雕刻著不可思議的圖案。

將這圖案置換成數字就變成了九格的魔方，人們認爲這種九格的魔方是表示著世界的原理(＊2)。因此，聽說氣學就是從這個圖案來思考世界構成的原理。

當然，這只不過是個傳說而已。不論是東方或西方，咒術和占卜術爲了要主張其正統性，起源的詮釋便有過分古老的傾向。但是，氣學的起源是相當古老的說法卻是無庸置疑的。

氣學之根基是陰陽五行的想法。陰陽五行思想在當初只是天際純粹的自然觀察理論。可是從春秋戰國時代左右開始，逐漸地被應用爲人類歷史的解釋等。

其後，因爲秦朝相當重視五行的學說，所以便逐一引進配合這五行學說的學問。

在漢代，這學說更是普及至民衆，他們將宇宙的構成，甚至歷史的流程等各種事項都透過八卦、十干、十二支、五行、二十八宿來加以解釋。這可說是氣學的成立。而方位術的性質可能也在這時期確立，因此也被應用於占卜家相。

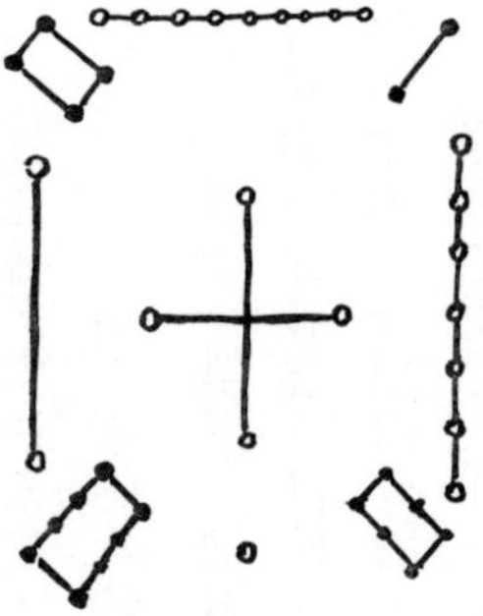

烏龜龜殼上的魔方

而後，氣學又和風水或周易等其他占卜術、咒術結合起來，再加上新的理論後，便滲透到全中國以及同一文化領域的國家裡（包括韓國、日本、泰國、越南等）。

■■■

（＊1）**九星學：**九氣學和九星學的「氣」與「星」其實是指相同的東西。只是因爲流派不同，所以稱呼也不同。使用氣這個字的流派爲了避免與占星術混淆不清，不使用星這個名稱而改成採用氣這個字。可是另一方面，使用星這個字的流派爲了避免與日語常常出現的「氣」之文字的慣用文句（例如「氣氛」、「氣度」等等）而使用星的名稱。在這裡爲了配合這個標題而採用氣的名稱，但是有關一部份的內容仍是採用「～星的名稱」。

（＊2）**認爲～：**爲什麼會有這樣的想法，在文獻上並沒有做詳細的說明。至於古代的中國人認爲世界是乘在烏龜的背上的，所以可能聯想到烏龜龜殼上的魔方是世界原理的表示。

氣學的理論

氣學的方位

在說明氣學的理論之前，首先要說明在氣學裡所使用的方位。

氣學並用了兩種方位分割法，其中之一是八方位分割法，另一個則是十二支分割法。以正確的方法來說，八方位分割法是在周圍區劃了八個方向以後，再將整個中央區劃爲九區。但這周圍的八個方向區並不是等分的。相當於東西南北正方向的區域是三十度角，而東北、東南、西南、西北的方向則是六十度。這是因爲氣學的方位術認爲正方向的方角力量比較强。同時中央部份稱爲中宮。另一方面，十二支分割法是將十二支由北方按照順序加以分配而成的，所以每一等分皆分割成三十度。

普通是使用八方位分割法，而十二支分割法只是爲了要應用在後面敘述的年破、月破、日破等凶方位（凶殺）的解釋而已。

表示九個氣之位置的方位盤

氣學是將宇宙（並不是天文學的意思，在這裡解釋爲包含天和地的「世界」整體的意思）分割爲八方位加中央，全部共爲九個區位。然而我們認爲每一區位（之方向）都充滿

●十二支分割法

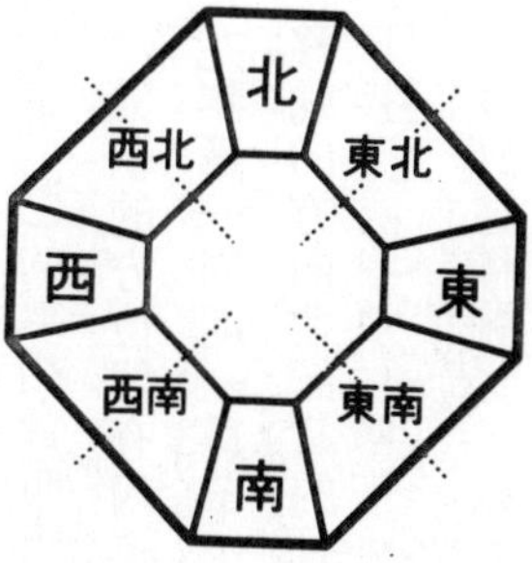

●八方位分割法

著一種類的「氣」，也就是說宇宙全體存在著九種不同性質的氣。順便在此提及，有時候將區位稱爲像西洋占星術一般的「宮」。

同時，這種氣在一定的時間（一年、一個月、一天）會移動，所以其配置也會跟著改變。根據此配置的基本來占卜吉凶是氣學的根本想法，而方位盤也爲了要用來觀察氣的配置而產生。

現在我們來注意方位盤上各個氣的數字部份。這些數字是表示宇宙的九種氣，雖然各數字的排列看起來好像沒有任何規則性，但是，事實上這些排列形成了九格魔方，也就是縱橫和斜線的任何二個數字合算起來都能成爲十五的配置法。對於特定數字的配置來求魔力的事，也可以在猶太數密術等發現。這種氣的配置被稱爲原盤或後天定位（＊3）等等。

氣並非是一直停留在一個特定的位置，而是定期性的依照順序而轉移配置的，這種轉移的氣和本來的應該在其區位(方向)的氣相合而決定其方角的吉凶。又因爲區位有九個，所以以九個期間爲一期。

氣學的方位盤有四種種類：一直保持不動的方位盤記載本來位置的原盤；以一年（就是九年爲一周期）爲單位移動的方向盤記載的年盤；以一個月（就是九個月一周期）爲單位移動的方向盤記載的月盤；還有以一天（就是九天爲一周期）爲單位移動的方向盤記載的日盤(＊4)。這也表示在某一日三種不同的氣學方位盤會對應。

談到這種關係，如果聯想成時鐘的針可能比較容易了解，秒針、分針、時針各同樣在時鐘盤上旋轉，可是即使在同一個位置各針所指示的內容不同；換句話說，時鐘的三枝針各表示三層構造的時間。

同樣的，日盤、月盤、年盤也都是使用同一個八方位圖，但是卻表示獨立的三層氣之配置。這兩種的差異就是：時鐘上秒針每轉一圈分針會走一個刻度，分針每轉一圈時針就會移動一個刻度，有如數字的位數提升一般之關係，但是氣學的方位盤中各階層的方位盤是完全獨立，而在個別的周期裡迴轉著。這些迴轉的氣當中，最能表示强烈影響力量的就是來到中宮之氣(＊5)。這種是支配當年（月、日）全體性質的氣，所以使用來到中宮之氣而被稱爲「二白水星之年」或「九紫水星之月」、「五黃土星之日」等等。

同時，這時中宮的氣對於在當年（月、日）出生的人之氣質也會有影響。一切的人會受到出生之年、月、日中宮之氣的影響，尤其影響最大的是年之氣，稱爲本命星，有時候只是以簡略的方式就能判斷這程度的運勢。如果包括月之氣，也就是月命星，作爲判斷資料，更能做詳細的判斷。通常不考慮用日之氣作爲判斷的資料。

要做具體的吉凶判斷，必須將兩個方位盤重疊使用。

現在我們爲某人的特定年做吉凶判斷。

■■■

(＊3)後天定位：各位可能會認爲既然有後天定位盤，那麼也該有先天定位盤。實際上確實有先天定位盤的存在，這是一個與後天定位盤的數字配置不同的九格魔方。本來這種方法是自古就存在的，氣學的原盤對應於與這種配置，而「以後」才決定的定位盤被稱爲「後天定位盤」。在秦朝以前，使用這種先天定位盤的占卜術也是存在的，但是卻逐漸的式微，現代幾乎都没有傳襲下來了。

(＊4)~的四種類：除了這以外，也有設定二十年爲一區位的周期(一周期是一百八十年)的流派，但是卻只是少數。

(＊5)來到中宮的氣：周圍的八種氣也是表示八方向各方位的，可是，中宮到底是表示什麼呢?這在氣學中並没有加以說明，作者認爲可能是表示有人存在的「地」，而其他八方位是表示天的意思。由此可了解，來自中宮的氣擁有最强的影響力。

方位圖

		北		
	四緑木星	九紫火星	二黒土星	
西	三碧木星	五黒土星	七赤金星	東
	八白土星	一白水星	六白金星	
		南		

首先，要調查其本人的本命星(如需要詳細的資訊也要調查月命星和本命星相同的順序，調查相合性作爲參考)。

在你想占卜的年之年盤上調查這個本命星的氣，從哪一個宮移轉到哪一個宮。

在其次的原盤上，確認本來在其宮應該有什麼樣的氣存在。將這個本來應該存在的氣稱爲定位之氣。透過定位之氣與本命星的相合性可以判斷吉凶。

像這一種年之吉凶的判斷要使用原盤和年盤。

要判斷月之吉凶是將占卜年使用的年盤替換成當月的月盤，而將原盤替換成當年的年盤，按照同樣的順序來求氣之相合性加以判斷。

要判斷日之吉凶是將占卜年使用的年盤替換成當日的日盤，而將原盤替換成當月的月盤，按照同樣程序加以判斷。

但是，有比氣之相合性更優先判斷的事項存在，就是凶殺方位。

凶殺

在氣學的方位術中，我們稱呼運氣不好的方位爲凶殺方位，或者簡稱凶殺。凶殺是優先於一切而被判斷的。這時候不管本命星與定位之氣相性是多麼好，只要其方位是凶殺就會判斷爲凶。

凶殺的種類有定爲六種的流派、定爲七種的流派、還有定爲八種的流派。六凶殺是五黃殺、暗劍殺、本命殺、本命性殺、歲破和月破，八凶殺是六凶殺加上月命殺和月命性殺，七凶殺則是六凶殺加上日破。

凶殺可大範圍地分爲兩個種類，是衆人共同不好的方位以及只有成爲某些擁有特定本命星（與月命星）的人之凶方。五黃殺、暗劍殺、歲破和月破是衆人共同的凶殺，其餘的凶殺只有成爲某些擁有特定本命星（與月命星）的人之凶方。

衆人共同之凶殺方位

・五黃殺、暗劍殺

稱爲五黃土星之星（氣）擁有強烈的攪亂意味。如果這個星是在中宮之外的位置時，那個方位便會形成稱爲五黃殺的凶殺。五黃殺是從內部自滅而且是自己導致災難的凶方。

同時，其相反的一面是稱爲暗劍殺，這也是形成凶殺。暗劍殺與五黃殺相反，是受到外界災難影響的凶方。

・歲破、月破、日破

各位可能都知道每一年中的十二支都按照順序來分配。除了這個之外，月和日以及其他方位也都分配著十二支。和每一年中十二支一致方位的相反方向，被看成是運氣會洩露出來的方位，我們稱之爲歲破的凶殺。同樣地，與月之十二支相反方向是稱爲月破；與日之十二支相反方向是稱爲日破，而各成爲凶殺。

至於與年和月之十二支一致方向（也就是歲破、月破的相反方向）是稱爲大歲、月德而意味著吉方。

特定個人的凶殺方位

・本命殺、本命性殺

和其本人之本命星相同的氣迴旋的方位就稱爲本命殺之凶殺，其相反方向就稱爲本命性殺之凶殺。這兩者都被認爲透露出健康關係會產生問題。

・月命殺、月命性殺

在年盤上和其本人之月命星相同的氣迴旋的方位就稱爲月命殺，其相反方向就稱爲月命性殺。這些都是凶殺，但是特別是月命殺的影響比較大。

取祐氣和違方

如果有八種凶殺，一切的方位就變成壞的方向。爲了要解決這樣的狀況，便產生了幾種類的咒術性手段，取祐氣就是其中一種。

祐氣是一種好的氣，在於吉日吉時膜拜位於吉方神社之神泉和神池，正如充分地飲用含有很多祐氣的新鮮的水。而且也把這種水和砂帶回來，因爲在新鮮的清水附近會聚集很多氣（參考「風水術」）。

帶回來的水在九天的期間早晚各飲用少量，氣便可攝入身體之中。同時把砂裝入護身符中隨身攜帶便可祛除厄運。

這兩者都不需要那麼大量，喝的水量一次是一小杯到一茶杯程度即可，至於砂則是用刮耳器一小匙的份量就可以發揮效果。這些東西和量的多少無關，而「從自然中攝取到氣」的心態最爲重要。

除了這個之外，也有稱爲違方的祛除厄運的方法。舉例來說，東北方向爲凶方位的時候不要直線地走向東北，一旦走向東，在那裡停留三天至四天後，再朝向北方就好。如此做便表示不是直接走向東方。在現今此法不能算是實用的方法。

魯文占卜術

魯文是古時候日耳曼人所使用的文字，因為他們相信魯文文字含有神聖的力量。使用這神聖文字的占卜術，稱為魯文占術。

魯文文字的起源和歷史

魯文是一種神秘的文字。依據北歐神話的「雅達」（Edda）魯文是衆神之王歐町神（Odin）將自己倒吊在宇宙樹（Iggdrasil）九天九夜才獲得的文字。

魯文文字和英文的羅馬字母相同，是表音文字，可是被認爲每一個文字都隱藏著特別的魔力。這一點看來可能和東方的梵字相似。

至於羅馬字母和魯文文字皆是屬於日耳曼民族的文字。可看到幾種類之共同文字。「烏魯」之發音對應U、「拉德」之發音是對應R、「伊斯」之發音是對應I、「西格爾」之發音是對應S、「貝歐庫」之發音是對應B，而「曼」之發音是對應M。

至於魯文文字在西方之第一世紀左右，就開始被使用了。

有一種說法就是這文字是住在北方德國的日耳曼民族，受到希臘文字影響而創造出來的，但是詳細情形卻無法獲知。無論如何，人們深信著魯文有隱藏魔力，以及魯文是由幾條直線所形成簡單的文字。由以上兩點看來，魯文表示占卜結果之記號的可能性很高。

以後，魯文盛行的時期是從第四世紀至第七世紀之間。特別是北歐，魯文被使用至十四世紀左右。除了石碑上的碑文之外，魯文文字也被刻在武器等而常常作爲咒文使用，然而卻沒有作爲日常生活之記錄使用。

隨著在歐洲基督教被廣闊的傳佈，並且同時使用拉丁文，因此出現使用羅馬字母的情況，魯文文字就不再被使用了。

但是認爲魯文文字有魔力的想法，在西歐各國是一直傳襲下來的。舉例來說，納粹德國非常注意魯文的神秘性而熱心地將其拿來做研究是很有名的。

聽說對於納粹的親衛隊隊員都有教育魯文文字，而象徵納粹的反萬字形，是意味著成功的魯文文字，由「希格爾」組合兩個起來的。

神與古代民族的思想

・歐町神

歐町神是北歐神話中的最高神，與諸神之王住在稱為英烈祠（Valhalla）的宮殿裡。祂喝了巨人密密爾（Mimir）守護的智慧之泉而失去了一隻眼睛，為了要掩飾失去的眼睛，祂把戴著的帽子壓得很低。祂會使用很多種魔術，所以又被稱為魔術王，這個想像可能是來自古代日耳曼民族咒術師的形象。

祂因為將自己倒吊在宇宙樹（Iggdrasil）而獲得魯文文字的故事，可能反應出古代日耳曼人對樹木的信仰。

他們將幾種種類的樹木視為神聖的東西，有時候亦對樹木供奉牲品。

歐町神將自己視為宇宙樹（Iggdrasil）的祭祀品（但是祂是神，所以不可能死亡），而獲得宇宙樹的神秘力量。如此一來，祂才被認為可以獲得神聖的魯文文字。

●宇宙樹（Iggdrasil）

在北歐神話中被認為支配宇宙的巨大梣樹就是宇宙樹（Iggdrasil）。北歐神話能夠預測到未來的內容，有關宇宙樹最始的死亡也有流傳下來。聽說宇宙樹在衆神和巨人打戰而世界瀕臨毀滅的末世時，被火燄巨人蘇魯特所燒毀。

●命運的女神諾倫

據說在古時候的北歐，人們相信有許多諾倫存在，在人一出生的同時其中一位女神便決定了此人在這世上的命運。

其中住在宇宙樹根部泉水旁的烏魯特、貝丹娣、斯庫特三位，是連衆神的命運也可以加以決定的諾倫。從另一個角度來看，決定世界瀕臨毀滅末世的也是這三個諾倫。

魯文占卜術的方法

魯文占卜術是使用寫上魯文文字的二十五個小石頭或木片來占卜的。然而也可以使用同樣大小的厚紙卡，寫上魯文文字來取代小石頭與木片。

魯文文字（＊1）只有二十四個字，但是爲了占卜之用，要再加上什麼都不寫的威爾特，故總共使用二十五個。

本來的魯文占卜術是將二十五個寫著魯文的石頭拋在鋪著白布的地面上，再將其中一個撿起來。在這個時候占卜者一定要在朝向天的方向才行。

這個動作再重複操作三次，再依靠得到的三個石頭上的魯文文字來判斷占卜的結果。由於魯文文字所擁有的意味是十分抽象的，所以要獲得具體的占卜結果，必須依賴占卜者的靈感。

使用三個寫有魯文文字的石頭，是表示著決定世界命運的三個女神諾倫的意思。

現代的魯文占卜術

一提到魯文占卜術，大家會覺得這是一個十分古老的方法，可是最近卻悄悄地成爲一股流行的熱潮。占卜的順序也被改成富有現代化的風格，所以在此爲您做介紹。

起先將二十五個寫有魯文文字的石頭放入袋中充分地攪拌。

接下來閉著眼睛將一個一個石頭取出來，並且將三個石頭排列好。第一個取出的石頭是被認爲代表烏魯特（過去）；第二個取出的石頭是被認爲代表貝丹娣（現代）；第三個取出的石頭是被認爲代表斯庫特（未來）。

實際的占卜術是把代表過去的烏魯特石頭視爲占卜的結果。貝丹娣石頭是表示現代的狀況和必須克服的問題，斯庫特石頭是表示未來的狀況。將這三個石頭總和起來來判斷占卜的結果。判斷的時候也需要占卜者的靈感。

■　■　■

（＊1）魯文文字之意思：有關魯文文字之象徵，也有「索思」是表示巨人，「歐斯」是表示嘴，「右洛」是表示高大的草之說法。

■魯文文字的意思

ᚠ	非歐	家畜的象徵。意味著財產、目標的達成。
ᚢ	烏魯	野牛的象徵。意味著粗野的力量和挑戰。
ᚦ	索思	門的象徵。意味著慎重。(※1)
ᚨ	歐斯	使者的象徵。意味著溝通。(※1)
ᚱ	拉德	車輪的象徵。意味著旅行、變化。
ᚲ	肯	火炬的象徵。意味著粗野的力量和挑戰。
ᚷ	丘夫	禮物的象徵。意味著友情。
ᚹ	烏因	光的象徵。意味著喜悅。
ᚺ	哈卡爾	雹子的象徵。意味著事故。
ᚾ	尼特	棍棒的象徵。意味著欠缺。
ᛁ	伊斯	冰的象徵。意味著停滯。
ᛃ	雅拉	收穫的象徵。意味著很大成果。
ᛇ	由魯	樂樹的象徵。意味著再生。
ᛈ	貝歐斯	骰子杯的象徵。意味著賭博。
ᛉ	右洛	大鹿的象徵。意味著誠實、忍耐。(※1)
ᛊ	希格爾	太陽的象徵。意味著成功、名譽。
ᛏ	提魯	標槍的象徵。意味著勝利。
ᛒ	貝歐庫	樺樹的象徵。意味著家族。
ᛖ	耶歐	馬的象徵。意味著發展。
ᛗ	曼	人類的象徵。意味著人際關係。
ᛚ	拉克	水的象徵。意味著潛在意識。
ᛜ	英克	豐收的象徵。意味著充沛的生命力。
ᛞ	達耶魯	一天的象徵。意味著結束以及開始。
ᛟ	歐塞	家的象徵。意味著保守。
	威爾特	空白的象徵。意味著命運。當此文字出現時表加强隔壁魯文的意思。

骰子占卜術

骰子可以支配偶然，所以自古以來人們便深深地著迷於賭博或遊戲。古時候認為偶然是被神所操作的，所以骰子也被用來占卜。

全世界都有的骰子占卜術

骰子在三千年以前的古埃及時便被使用了，同時在中國和印度的遺跡中也有發現骰子的存在。

據說骰子是從投擲骨頭的占卜術發展而來的。

在古代的美索布達米亞，是藉著投擲羊腳踝的骨頭，觀察向上的那一面來占卜。然後現在我們認爲這些骨頭又發展成爲立方體的骰子。至於寫成漢字的「骰子」也是解釋爲用骨頭做成的。

因爲骰子可以任意地決定數字，所以全世界的人都認爲它是可以決定「命運」的器具。在古代的羅馬凱薩大帝爲了攻打龐貝城，而渡過盧比孔河時所發表的言論中，「骰子被投出去」這句話相當有名。

日本稱爲福世的吉祥物經常吊著骰子，這也是招致幸運的咒術之一種。

據說在中國，利用滾動六角形的圓柱來判斷占卜的方法，也是屬於骰子占卜術的一種。在西藏，使用一個骰子稱爲休莫的占卜術也廣泛的流行。

在歐洲也有使用骰子的占卜術，但是由於基督教禁止占卜，因此主要傳達骰子占卜術的是吉普賽的占術師。拿破崙時代骰子才特別在歐洲盛行。

骰子占卜術的方法

這也是歐洲從中世紀傳襲下來的方法。

有使用兩個骰子的方法，也有使用三個骰子的方法兩種。

■使用兩個骰子的方法

這是有具體目標要占卜時所使用的方法。

占卜的結果是在九天之內會實現的事，可是不知道什麼原因，禮拜一和禮拜三是不准占卜的。

首先，要準備兩顆骰子及骰子杯。然後將其放置於桌上，在那個桌上鋪有畫著直徑約三十公分的圓圈的布塊或紙。

心中先想著要占卜的事情，然後將骰子投到骰子杯裡。接著在桌子的圓圈中轉動兩個骰子。如果兩個骰子都在圓圈之外，則可以重新再擲一次，如果一個骰子在圓圈之外，則使用另一個殘留在圈内的骰子之數字來占卜。如果繼續擲兩次骰子而兩個骰子都滾出圈外，就停止占卜，等經過一段時間之後再重新開始占卜。

將兩個（也有一個的）骰子的數字合算，就判斷占卜事情的結果。其意義如下：

1——表示YES
2——是表示NO
3——需要注意
4——需要好好的考慮
5——幸運的來到
6——會順利進行
7——需要努力
8——需要忍耐
9——會成功
10——不會成功
11——時機尚早

12—會有小小的機會

使用三個骰子的方法

這是想要占卜未來事情的方法。

這和使用兩個骰子的方法一樣，也是將圓圈內骰子的數字合起來，就可以判斷占卜事情的結果。其意義如下：

1—可能會與家人離別
2—要注意眼睛看不到的事情
3—意想不到的幸運
4—運氣不太好
5—想要的事情可以如願以償
6—會失去財產
7—人際關係會出現障礙
8—會被責難
9—戀愛會有所成就
10—誕生

11——會和心愛的人分開
12——有好消息
13——有傷心的事
14——被朋友解救
15——必須要注意
16——旅行途中會遇到好的事情
17——計畫變更
18——一定會成功

分割圓圈占卜法

使用三個骰子的方法中，也有將鋪在桌子上的圓圈内部分割成十二等分的方法。這是依照骰子進入圓圈的位置來占卜，是擴大占卜範圍的改良法。

進入個別領域的骰子數目意義如下：

如果同一個領域裡有兩個以上的骰子進入的話，就表示和那個領域有强烈的關係。

1——有關其領域會變成有利
2——有關其領域會需要夥伴的協助

●十二等分的圓

3——有關其領域會成功
4——有關其領域會發生問題
5——有關其領域會進行得順利
6——有關其領域狀況會和現在有變化

硬幣占卜術

藉由投擲硬幣是出現表面或背面，來判斷占卜結果，硬幣占卜術是最簡便的占卜術代表。

在這裡要介紹的是數硬幣，再把剩餘的硬幣排起來，依照其排列形狀來占卜的方法。硬幣占卜術可以追蹤其根源。

其實，這種占卜術之重要的部份是使用「大小相同、適當的東西」。在現代，由於我們身邊有許多的硬幣所以這硬幣占卜術常常被使用。

硬幣占卜術的起源和歷史

硬幣占卜術到底是從什麼時候開始的，其實並無法正確的知道。在這裡介紹世界上與硬幣占卜術相類似的占卜術（可能起源相同）。

住在非洲的奈及利亞附近的約爾巴族間傳襲著「伊法占卜術」。

這是使用十六個棕櫚的核果來占卜的方法。左手適當地抓著核果，然後兩個兩個地投到右手，如果左手剩下一個核果就在地上畫一條線，如果左手剩下兩個核果就在地上畫兩條線。然後重複做八次來加以判斷。

相同種類的占卜術在中國也是存在的。

藉由算筮竹，依據其剩餘的數決定兩種類的線，再重複做幾次進行的占卜稱做「易」。

同時在歐洲，相同種類的占卜術也是存在的。

起先好像是使用豆子來占卜的樣子，可是不久之後就變成使用寶石和貴石。所以這種占卜術又稱爲「寶石占卜術」。在近代的歐洲，因爲寶石製造出高貴的氣氛，所以多用於戀愛的占卜。

像這樣的「數東西的數，然後依照其餘數來決定占卜判斷」型態的占卜術，全世界都存在著。

硬幣占卜術可能是從原始時代流傳下來的占卜術的變化型。至於在硬幣不爲人們使用的遙遠未來，一定還是會使用不同的東西來占卜吧！

硬幣占卜術的方法

準備同樣種類的硬幣二十枚左右。在硬幣中選擇最小型的，且最容易操作的一塊錢硬幣。首先將這堆硬幣放在桌子上，閉上眼睛想著要占卜的事情。

接下來用左手抓著硬幣，將手中的硬幣每兩個一數，最後應該會剩下一個或兩個硬幣，把這放在桌子的角落。然後將數完的硬幣放回硬幣堆中，在繼續三次同樣的程度，也就是說全部共做四次。

藉由這個程序所得到的硬幣，由上面往下面按照順序排列。最後這些硬幣會排成縱型的四層。觀察這二×二×二×二，共十六種的排列方法來判斷占卜的結果。

排列方法的意義

由下方算來1111

依靠自己本身的努力可以使願望達成。當然，沒有積極的行動願望就不會實現。

2222

爲了要達成願望，同伴間的協助是非常重要的。所以要珍惜朋友之間的關係。

1112

意味著結束。想要採取新行動的話，失敗的可能性會比較高。所以還是先磨練自己比較好。

2111

意味著邁入新的階段。以新鮮的心情積極的向前進就好。

2221
意味著喜悅。暗示一切的事情都能順利的進展。

1222
表示最低的運勢。所以現在要一直忍耐下去。

2211
雖然平凡，但是運勢不錯。

1122
表示最高的運勢。趁著現在積極去做任何事情。

1212
意味著收穫。從過去到現在的努力都會變成好的結果，但是如果從過去到現在都沒有努力的話，就什麼也得不到。

2121
從過去到現在所建立好的，有可能會喪失的傾向。所以要多注意。

1121
要多注意自己的優點。但是，不要對自己的優點太自傲而對別人有傲慢的態度，這會使自己陷入不好的命運。

1211

面對的困難會消失掉。認爲所要做的事情是正確的，就採取積極的行動吧，但是錯誤的事情就不要去干涉。

2112

要重新檢討家族和友人的關係，並且加以改進。如果可以使關係良好，今後的運勢也會變好。

1221

這是充滿艱困的時期，想要勉强行動是無濟於事的。但是如果腳踏實地努力下去，一定可以開拓出一條路。

2212

這絶對不是順利的時期，要嚴格地約束自己，並且對別人有寬容的心，這樣運勢才能夠改善。

2122

事物被正確地評估。這種排列的出現是表示你將會受到別人的評價。

1111 排列

2222 排列

1112 排列

2111 排列

2221 排列

1222 排列

2211 排列

1122 排列

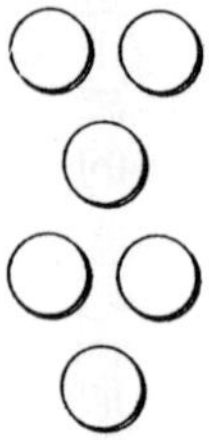

1212 排列

2121 排列

1121 排列

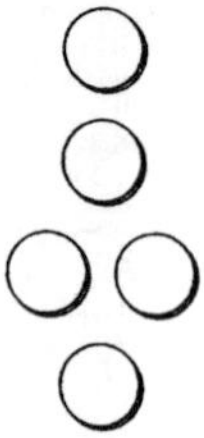

1211 排列

2112 排列

1221 排列

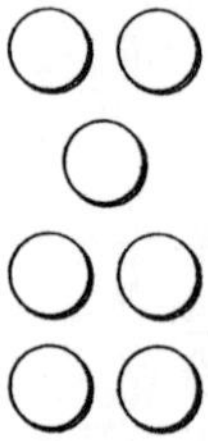

2212 排列

2122 排列

第3章 相

觀察事物

例如個人的性格會在臉上或身體體格上以相的形式呈現出來。

本章所說明的占卜術之理論就是藉由仔細觀察相，而找出表示的應該前進之路，或是可以帶來幸運的方法。

手相術、手相學

看看手掌上的紋路可以發現大家的都很類似，但是沒有人是和別人完全相同的。然而有一天會突然出現某些線紋，但是不知何時它又消失了。

無論是東方或是西方，從非常悠久的古代以來，人們對手相就一直存在著好奇心，而對其上的紋路更是仔細的加以觀察。這可能是因為手對我們而言，是最接近我們身體的一部份。

「命運掌握在自己的手中，手相會默默的反映出自己的命運」。

仔細地想想，人們想在自己的手中找到自己命運的走向是想當然爾的趨勢。

從兩手下手的綜合性占卜

手相占卜的判斷基準可以大概分成兩種要素，就是手的形狀與掌線、掌紋。

在手相術上來說，前者稱爲手相學(Chirognomy)、後者稱爲手相術(Chiromancy)，現在這兩者都被用科學化的方法加以研究。

一般而言，一提到手相占卜，大部份的人都會聯想到以生命線、智慧線爲代表的掌線、掌紋占卜。因爲這些特別有名，所以幾乎到了無人不知的地步。但是說實在的，手相占卜不僅要看掌線和掌紋，而且也要綜合地看整個手的形狀、量感、質感與血色、指甲的發育狀況，以及伸出手的時候之態度來做判斷。

只用掌線和掌紋來占卜，可以說是錯誤的方法。由於當時的環境會改變，人的手不但手線會有變化，手的整體也會改變。所以爲了要做出正確的判斷，就必須正確的把握住手的整體才行。

人身上的器官大部分都是左右一對，但是再也找不到像雙手一樣的，左右相差極大的器官。

至於您在讓人家看手相時要伸出哪一隻手呢？在以前的西方，男女都是以左手爲主來做占卜的。不然就是男性是看左手，女性是看右手。

但是，至今仍舊找不出不同性別要看不同手的根據，所以不需要管男女的關係，只要比較左右兩手並對照做判斷就可以了。

在這裡提到了比較之類的話語，但其實現在的手相學並不重視是左手還是右手，反倒是否爲好使的手比較重要。

我們人類自出生以來，好使的手比較常用。因此，好使的手可說是深深地銘刻著自出生以來的種種經驗。當然相反地，不常使用的那一隻手，就會一直殘留著出生時命運之記號。好使的手是表示後天性的狀態；相反的手則是表示先天性的狀態。

因此在占卜手相的時候，必須要將左右兩手做比較。

起源和歷史

撒母托利卡與哈斯托利卡

據說手相術的發祥地是在古代的印度。

印度人從許多實例中發現，人身上的線紋和其本人命運有著密不可分的關係。這叫做撒母托利卡，其後也持續地被加以研究。

隨著時代的進展，發現手上的線紋和命運有最密切的關係，所以印度人開始以重點性地研究手掌之線紋。當時這種研究被稱爲哈斯托利卡，這哈斯托利卡便被認定爲現在手相術的始祖。撒母托利卡與哈斯托利卡可能在當時十分盛行，因爲其足跡被保留在印度各地古代遺跡的壁畫中。

同時在婆羅門教的教義當中，也存在著和手相相關的事物。

在西方，『舊約聖經』約伯記第三十七章第七節的一部份，記載著「神封住各人的手，叫所造的萬人都曉得祂的作爲」皆可以解釋爲「手掌上的個個形態都是神的啓示，而這些手上的形態都表示著自己的天份」。據說約伯這個人是大約四千年前住在阿拉伯的真實人物。也就是說，遠在當時的阿拉伯地區就有人知道手相了。

既然手相是在印度發源的，由以上可知手相已經普及至阿拉伯了。

同樣的，在『舊約聖經』箴言集第三章第十六節中也有叙述「他右手有長壽，左手有富貴」，這表示當時的看法，這個流派已經普及到歐洲了。

古代手相學的成立

現在我們將眼光轉到古代希臘看看。遠在西元前六百年左右，一位有名的哲學家畢達哥拉斯到遙遠的印度學習宗教、哲學、神秘學等，所以在他的許多門徒之中，出現了專門研究人相和手相的人。

繼畢達哥拉斯之後出現的哲學家阿那克薩哥拉，對於人類的手表示出人的命運感到驚嘆，並且說：「人類之所以能夠成爲萬物之靈，手是其由來。」

亞里斯多德亦在他的著作中說明關於手與命運之關係，他提到「手線表現出生命的長度。手的線並不是因爲有原因而出現，而是依據來自上天的感化力與個性而產生的」。

另外，亞里斯多德也曾提到「可以依靠大自然銘刻在人手上的線和紋，而知道此人的健康狀態、命運、性癖，這些線和紋因人而異，絕對不會相同」而開發了因生命線、智慧線、感情線的位置判斷的精密手相術。

如此樣一般的，手相術在希臘飛黃騰達起來。由將掌丘稱爲丘比特與阿波羅的情形來看，使手相術更具實用性的是地中海地區的人民。

從中世紀以後到現代

邁入中世紀後，手相因爲被認爲違反了羅馬教會的教理而遭到壓迫。可是到了十五世紀中葉又再度廣爲流傳，手相在歐洲有著鑾高的評價。後來它被社會上層階級的人們研究，也成爲大學中的課程。

在十九世紀的法國有兩位學者，狄巴洛與達潘基尼出現，狄巴洛寫了『新手相學』與『手相的神秘』，達潘基尼則發表『手相的科學』之著作。這些手相專門書，可從其書名知道它們都是以新的觀點來研究手相而說明新的原理。至於狄巴洛是以手的線紋爲中心，而達潘基尼則是以手的形狀爲中心來實踐占術。現代手相術的形態是把他們兩人的方法混合起來。

手相雖然已經開始被研究了，可是在十九世紀的時候，站在老百姓的觀點上來看，手相仍舊没有脱離令人懷疑的魔法領域。

到了二十世紀，英國出現了基洛，美國出現了彭漢，手相的科學研究就更盛行了。

過了二十世紀中葉時期，出現了以心理學和醫學方面研究手相的動向。法國的魯雪與巴斯基的論文『手相心理學的研究』中，主張個人的心情不安、精神的緊張、疾病與性格可以從手相得知。後來英國學者沃魯夫在『人類的手』與『動作的心理』等著作中完成這個理論。

像這樣的會給人一種東方印象的手相，其實是在西方很盛行的占卜術。

現在讓我們將眼光轉到東方來看看。

手相在東方是起源於中國。周代的叔服、姑布子卿被認爲是中國手相術的始祖。後來出現了漢代的許貞、宋代的陳搏，明代時袁忠徹將陳搏的著作增訂爲『神相全編』而發行。這是現存手相文獻中最古老的。

手相可以改變

由於近代的科學研究發現，與其將手相術稱為占卜術，寧可說比較接近有根據的醫學與精神神經學、心理學。

事實上，手相是由遺傳、體型、疾病、身體症狀、情感、自律神經的狀態等細密的因素來銘刻的。

因為有正確的科學根據，所以聽說很多人在發現有不好的相出現時，都相當擔心煩惱。

事實上，這是不需要絕望也不需要擔心的。手相只是其中一條路罷了。社會上有很多條路，可是人可以自由地去選擇任何一條路，也可以自由地去渡過任何一條路。既可以快速地走過，當然也可以慢慢地走。

假設由於看手相，而知道了前方有阻塞（壞的事故）的話，便可以改變情緒慢慢前進，或者是先休息一會兒。當然，若要走進這壅塞的地方去看個究竟，也是個人的自由。

在這樣行動當中，壅塞通常會被消除（手相會改變），然後再以新的心情向前邁進。

在每一個時刻環境都會改變，手相也會隨著心情而改變。所以，人生有無數不可避免的事故，但是那些事故只是讓人的心態時而減輕時而加重。

如果看手相而預知將有壞的事故發生，卻只是把頭低下來擔心「我該怎麼辦」而趕不上周遭的變化，擔心的事就可能變成事實了。但是如果在那時候能夠想，既然如此，要如何解決才好呢？並且積極地向前邁進、發現新的環境，擔心的狀況就能被改變了。

手相的看法

要看手相的時候，掌握手的形狀、掌線、掌紋等重點來進行九個過程。按照順序地進行、比較左右兩手，同時還要加上其間對方的態度，加以綜合性的判斷。

①伸手之方法及態度

只看伸手出來的方法，有些人把指頭大大地分開，並且很有魄力的伸出手；有的人則是把手指頭併攏，很膽怯的把手伸出去等等，因人而異。這個動作可以作爲最初判斷的資料。

・把手指頭大大地分開很有魄力的伸出手

是開朗活潑很有社交力的人，但是常常考慮事情不夠深入，而有衝動行事的傾向。

・把手指頭相當程度的分開自然的伸出手

有溫厚、穩定的性格，獨立心很強也是其特徵。

・把手指併攏有魄力的伸出手

是富有意志力與決斷力的活動家，想法較保守、較不擅長於社交。

②手之大小

依據本人之身高或體格觀察手的大小比例，這和素質與基本性格有關。

・手的比例比較大

是很有規則，一切事情都靈敏達成之工匠型的人。在感情豐富家庭化的另一面，也有膽怯的一面。

・手的比例比較小

是富有行動力的領導者，在採取積極行動的另一面，也因爲自尊心太高而對自己的能力太過自信。

③手的形狀

手的形狀可以大概分爲尖頭型、圓錐型、結節型、四角型、刮刀型、樸素型、混合型等七種種類。其中尖頭型、圓錐型、結節型是稱爲精神生活型；其餘的類型則稱爲現實型。手的形狀是作性格判斷的重點。

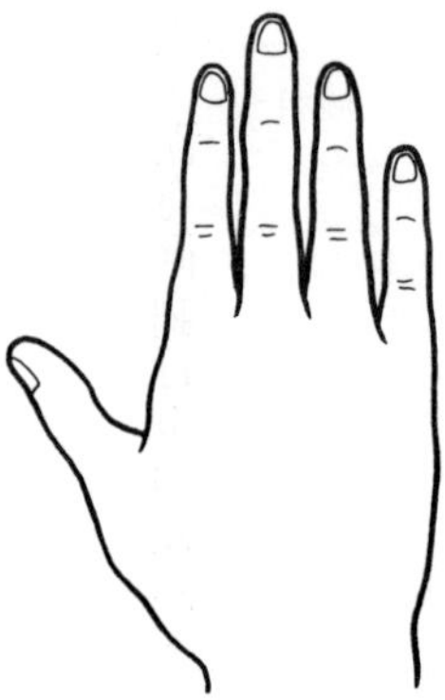

●圓錐型

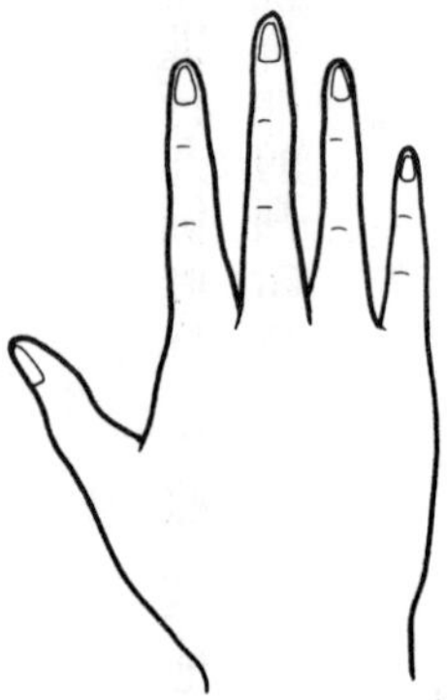

●尖頭型

・**尖頭型**

一般來說，這種形狀的手本身較小，是從手指的根部到指尖逐漸變細的型態。顯示出非常纖細的理性與感情，又有喜歡幻想的性格。同時又有奢侈又任性的傾向，容易以情緒來判斷事物。

・**圓錐型**

雖然没有像尖頭型的程度，但也是從手指的根部到指尖逐漸變細的型態。表現出感情豐富，感情重於理性的性格，討厭規律和規則等的束縛。不太擅長於分析、推理事物。

・**結節型**

這種手給人較粗糙、較硬的感覺，手指的關節顯得比較粗。是自我很强、不會感情用事的人，對一切事情都會仔細去思考又講究理論，但是其缺點是對於事物加以批判又缺乏積極的冒險心。

・**四角型**

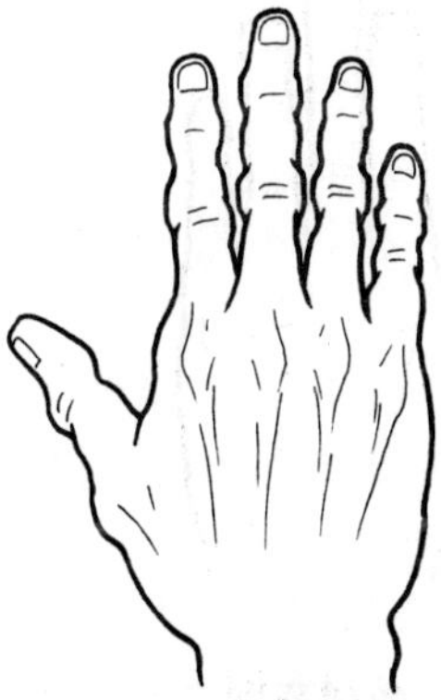

●結節型

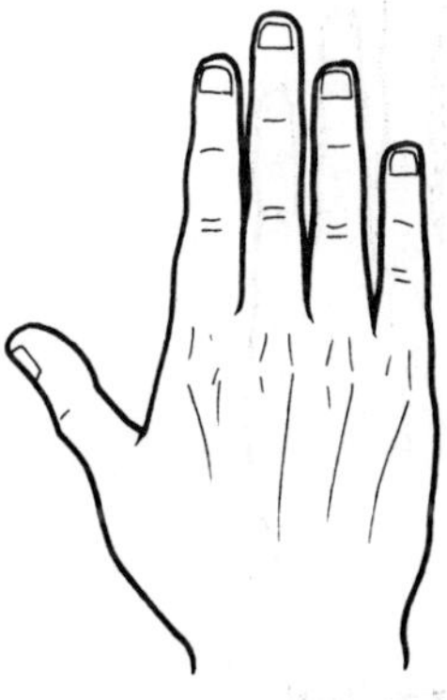

●四角型

手指頭的粗細從根部到指尖都相同，指頭的形狀是長方形。重視規則與規律，將事物合理且有效率地思考，是現實型的人。但是另一方面是缺乏想像力又頑固的個性。

・刮刀型

手本身較大、指頭較寬，呈現刮刀型的型態。表現出獨立心很强又愛行動的性格。對一切事情都是積極地去實行，但是不擅長冷靜思考。自我很强，有以個人主體思考事情的傾向。

・樸素型

是整體上較結實的狀態，給人一種頑强的形象。指頭是短、胖。表現本能的欲求强、衝動的性格，對於被託付的工作會很忠實地完成，但是也常有盲從他人的情況發生。

・混合型

是上面所提的型態之混合型。性格和性質也都擁

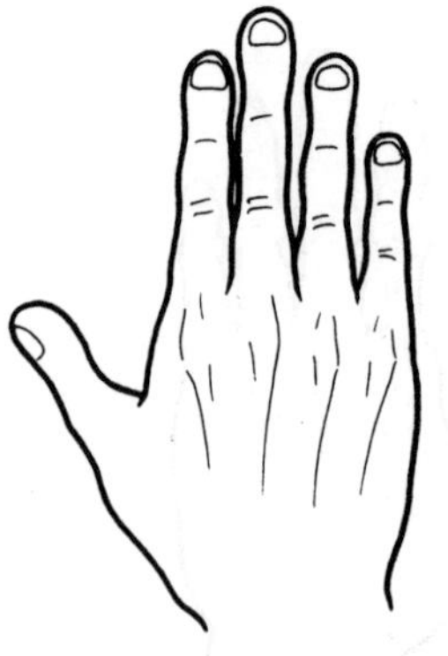

●樸素型

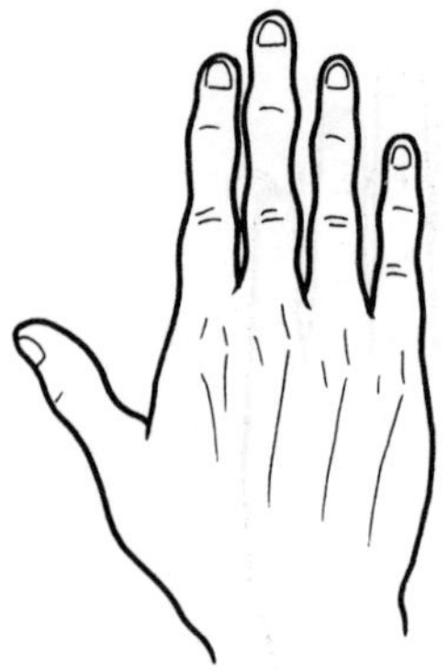

●刮刀型

有以上所提的特徵。

④手的色澤

要觀察手的顏色、光澤、肌理之粗細、乾燥程度以及流汗的程度等。當然，氣溫和濕度也會左右部份的因素，所以要有經驗才能做正確的判斷。可以從此了解感受性與健康狀態。

・肌理的粗細

肌理較細的人感受性較强，也有神經質的一面。

肌理較粗的人比較不會感情用事，比較不善於表達自己，也缺乏感情的一面。

・肌膚的乾燥與油膩

如果是整體上乾燥，手掌適度的潤濕，運勢會相當好。

油膩的時候表示神經疲勞或過度的疲勞，經常油膩的人，表示經常疲勞之體質。

⑤指頭之形狀

各個指頭有其代表的意思。在這裡要觀察各指的長度、形狀、厚度，到各關節的比例

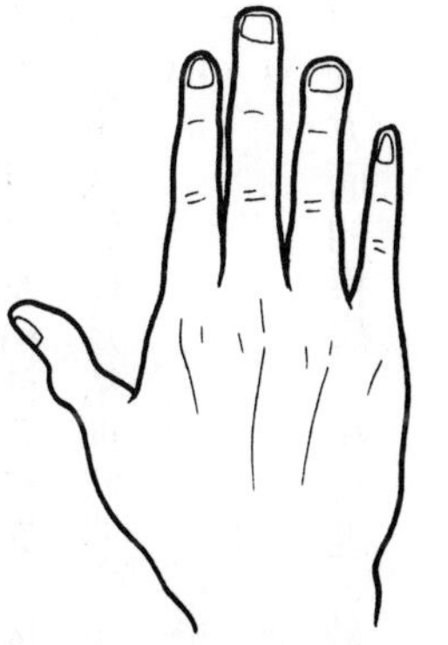

●混合型

等。由此可了解內在的性格、優點或缺點。

•全體看來指頭是長的

表示有纖細的神經和細膩的觀察力。

若是指頭過長，表示這些性格有過度的傾向。

•全體看來指頭是短的

經常是積極向前邁進的人，表現出高度的行動力。

若是指頭過短，就會變成頑固及太直接的缺點。

⑥指甲的形狀

指甲的根部是神經系及血液循環最敏感的地方，會敏感反應出身體及精神的變異。依據指甲之縱橫比例、顏色、形狀、紋線與溝的有無來判斷，和健康狀態以及精神狀態有密切的關係。

•指甲之大小

如果指甲整面擴大到和指頭一樣寬，表示容易罹患呼吸器官方面的疾病。相反地，較小的時候是表示心臟、循環系統之功能較虛弱。

•指甲的長短

若是指甲縱向較長表示上半身較虛弱；反之，若指甲縱向較短，表示下半身較虛弱。

・有縱紋之指甲

有縱紋之指甲是表示神經疲勞和睡眠不足。

⑦要點部位之厚度與軟度

手掌是中心部凹陷而被高起來的周圍包圍著。這個高起的部份稱爲丘，這個丘有許多種名稱，依照其突起的程度可以判斷此人的性格、氣質、健康以及運勢。但是並不是說全部發達就是最好。有關第七到第九項是相當專門性的項目，而且有各種說法，本書無法詳細介紹。如果對它有興趣的話，可以參考手相術的專門書。

A：**木星丘（丘比特丘）**

意味著霸氣、向上心、支配、野心、功名心、名譽、權力、獨立心等當領導者的要素，表示消化器官的健康。

B：**土星丘（撒旦丘）**

意味著思慮分明、勤勉、耿直、社交性、神秘性等等，表示血管、心臟、肝臟的健康。

C：**太陽丘（阿波羅丘）**

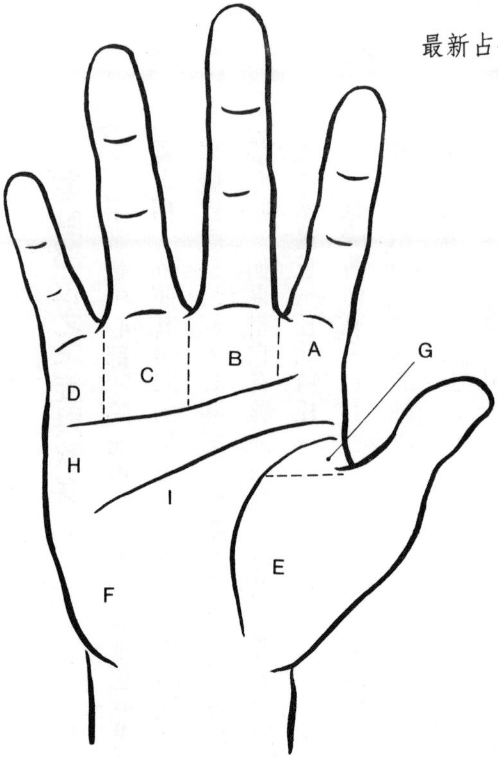

●丘的位置

意味著藝術感、獨創力、愛情、魅力、經濟力、名聲，表示神經系統發達的程序。

D：水星丘（墨丘利丘）

意味著研究心、表現力、社交性、商業的素質，表示從胸部以下之下半身都很健康。

E：金星丘（維納斯丘）

表示愛情、友情、同情、性愛等情感的深淺度及意味著寬容、融和、和合心，及生活之健全度。

F：月丘（盧那丘）

意味著精神層面的愛情、幻想力、想像力、文學的要素、美術的要素、及對於神秘性表示關心。

G：第一火星丘（第一瑪斯丘）

意味著積極性、意願、氣量、勇敢程度。

H：第二火星丘（第二瑪斯丘）

意味著忍耐力、克己心、自制力、沈著等之內心方面的強度。

I：火星平原（瑪斯之平原）

意味著各丘之影響力以及平衡。

⑧掌線、掌紋的形狀

依據手掌上之線及紋來判斷。一般來說，這種線較淺的人，想法較有彈性也較有行動力；可是相反地，這種線較深的人是自己方針堅定又穩重的人物。掌丘是表示個人的肉體和感情之能力，但是掌線是表示著素質和運氣的強度等等。手的形狀和掌線都是重要的因素，因爲這兩種要素有密切的關係。

把手展開可以看到三條粗線（可是少數的人只有兩條粗線而已）。這些線被稱爲三大主線，個別稱爲生命線、智慧線與感情線。這些主線以外的線是從五到六歲左右到青年期的時候出現的。

如果人的生活是依靠其他人之關係來支撐的，某一條線是和另外一條線有密切關係的。舉例來說，看到生命線在中途斷掉，就立刻判斷爲有生命危險的是愚蠢的看法。

A：**生命線**
表現壽命的長短與健康狀態。肉體上的能量和外界的影響力、生活力。

B：**智慧線**
表現才能與知的能力、直覺力、善惡的價值觀與運勢的強度。

C：**感情線**
表現喜怒哀樂等之情感、愛情、戀愛、家庭運以及精神上的能量之強度。

D：**命運線**
表現自信與意志力，工作與社會環境，生涯之命運的起伏。

E：**婚姻線**
表現受到來自異性的影響以及男女關係。

F：**太陽線**
表現金錢與名聲、成功、忍耐力與努力、以及對社會的影響力。

G：**健康線**
表現健康、體力、體內的弱點與對疾病的忍耐力，以及體質的頑強度。

H：**藝術線**
表現藝術感與美感、對於文學的才能與技術等。

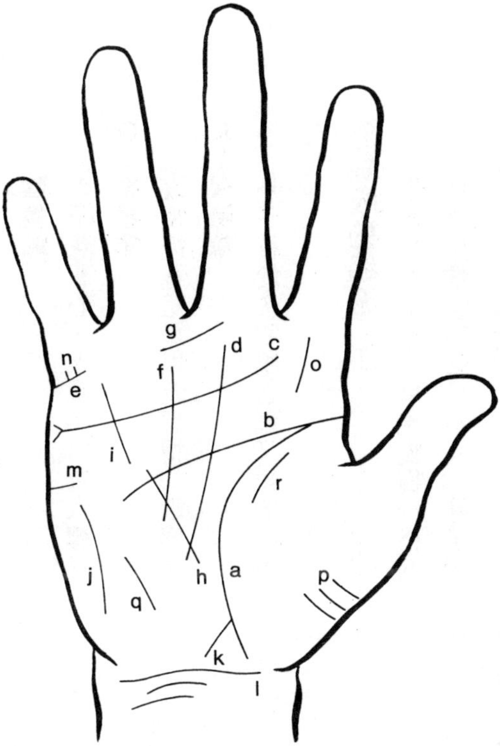

●掌線的位置

I：財產線

表現商業才能、發展運、事業的成功，以及不動產運等。

J：直覺線

表現敏銳的觀察力、感覺力、知覺力，以及看人的眼光等。

K：旅行線

又稱爲航海線，表現離鄉背井的預兆。

L：千腕線

表現壽命與健康、成功與財富等，傾向幸運的運氣之強度。

M：抵抗線

表現正義感與反抗心。

N：子女線

表現生殖器官的發達或精力以及性方面的運氣的變化。

O：希望線

表現地位、名聲、對名譽的執著心，以及野心。

P：陰德線

表現慈悲心、人望，以及人德。

Q：金星帶

表現規規矩矩以及感情的敏感。

R：保障線

是平行於各掌線之細又短的線，這些表示各掌線之意義的强度。

⑨指紋的組合

指紋是在手相中呈現獨樹一格的領域。

指紋與掌線和掌丘不同，除了用人爲的加工之外，在一生中指紋的情形不會有變化。

這是唯一可以表現此人擁有的宿命之線索，並意味著和素質與才能都有關的運氣。

人相術、人相學

面對初次見面的人，通常都會有不太容易親近的印象，可是在交談之後就變得比較容易親近了……很多人都有類似的經驗。

例如，「那種表情的人性格是陰沈的」或者「那迷人的笑臉好像很容易接近的樣子」等，我們容易依據自己過去的經驗，看對方的臉孔就決定對方給人的印象。

的確，要說人的臉孔銘刻著個人過去的人生也不為過，但是為了要有正確的理解，我們必須要有正確的知識。人相術就是這些知識的集大成。

也有人說臉孔就是人的履歷表、病歷表，也是今後人生之藍圖。因此，不能太隨便的對人相做判斷，而盲從的相信不正確的資訊，不但危險也是不應該的行為。

要看人相必須擁有正確的知識

人之臉孔是觸覺、視覺、嗅覺、味覺、聽覺……等所有的感覺集中的部位。整個臉孔是支配著觸覺、眼睛是支配視覺、鼻子是支配嗅覺、嘴巴是支配味覺，至於耳朵則是支配聽覺。

人相術認爲這些臉上之感覺器官的顏色、形狀等狀態，可以表現出此人的性格與運氣，還有健康狀態。

例如「眼睛訴求」、「彫刻於皺紋裡」、「臉色不好」、「嗤之以鼻」等等的說法，表示一般人的臉和性格與感情，以及身體狀況有密切的關係。臉不僅會呈現出喜怒哀樂之表情，情緒和健康狀態也會自然地呈現出來。人相可以說是時時刻刻都在變化，而且是感情與生活呈現出來的結果。如果把以前的照片拿出來看，就可以了解這個道理。

先天性要因與後天性要因

人相＝決定臉孔的結構或是表情的要因，這要因大概可分爲兩種，一爲遺傳下來的先天性要因，另一爲受環境影響的後天性要因。

同卵雙胞胎之所以長得一模一樣，就是被先天性要因影響的結果，但是隨著年齡的增長，兩個人的臉孔和表情便會有差異，這是後天性的要因所造成的，這種說法可能可以讓各位比較了解。

依據現在一般的說法，臉孔的橫向寬度、眼睛的大小、嘴唇的厚度、耳朵的形狀等都被人認爲是先天性的要因，可是臉孔的長度、鼻子的長度或是寬度、嘴巴的大小，以及胖瘦的程度是後天性的要因。

人相都是不一樣

人相難以判斷的原因，是因爲人的臉孔一直都在變化著。除此之外，臉孔會由觀察的角度及光源的不同而有不同的印象。不知道各位是否曾經覺得，照片上的自己與鏡子中的自己有種不相同的不協調感呢？

一般而言，我們都認爲臉是左右相稱的，事實上左右並不完全對稱，而且有些微妙的不同。

奧地利的W・沃魯夫因爲對左右不同的臉孔做富有趣味的實驗而著名。他將自己臉的右半部和左半部各別攝影起來，並做成左右對稱的合成照片。把這照片給很多人看，並且詢問大家的印象。多半的人都回答右半部的臉孔是「善人的臉孔」，左半部的臉孔是「惡人的臉孔」。像這種人對臉孔的印象差別很多。

至於左右臉孔的哪一邊是比較好的臉孔是無法一概而論的，因爲個人差異太大。舉例來說，專業的人物攝影師會注意到這點，他們在拍攝人物時必然會從左右兩邊來拍，再看看沖印出來的照片，然後才決定要採用左邊或右邊。你左右臉孔到底哪一邊比較好看，可以試著從鏡子中實際地觀察看看。

同樣的，從斜上方往下看及由下仰頭往上看的情況下，臉孔的印象都有大大的不同。

如果是上半引人矚目的話，雖然有知性的感覺，但是也會給人冷漠的印象；如果是下半引人矚目的話，可以給人感情豐富的印象。如果實際地將照片的上半和下半蓋起來看看，就可以充分了解這個差距。

看人相是要看「臉孔」即爲當然的行爲之特點，正確的知識是必須的。反過來說，只要有專門的知識，任何人都可以看面相，而不需要靈感等特殊的能力和素養。由美國心理學家基爾福的實驗也能加以證實。

起源和歷史

人相學（也被稱爲臉相學）被認爲是從四千三百年前的古代中國發源的。從中國史蹟的調查中，人相從相當古老的時代就一直持續被研究，也由於它的歷史悠久而被認定爲一種學問。

例如，周代的孔子是很著名的人物，他把門徒子羽的人相心得記載下來。

翻開歷史看看，不僅是在中國，在印度的太古時代，已經有看人相的事了。當地信仰的婆羅門教古聖典裡有好幾種除去惡相的咒術。同時，依據記錄所記載，在釋迦牟尼誕生的時候，阿希達看到祂的面容而預言「這個嬰孩具備了二十二相，以後一定會成爲大聖帝」。

另一方面，在西方由於哲學思想人類之型態全部被研究成占卜術，其中也包含人相之

研究。古代的希臘學家亞里斯多德，以人相著作了一本書籍。同樣的，古代的柏拉圖把人類的臉孔和動物的做比較，而說明人的性格。

其後在西洋，人相的研究也很盛行。

但是，和其他很多占卜術一般，過了一段時期人相術也被人們所疏離。英國的喬治王因爲宗教上的理由禁止人相的研究，對於不遵守的人加以體罰而予以彈壓。

後來以進化論著名的達爾文，也站在進化論的立場來研究人相，使人相又讓人刮目相看。

波爾達之古相學

在西洋，也有以完全不同的觀點來探討人相與性質的關係。

文藝復興時代的醫師姜·巴基斯達·提拉·波爾達（一五三八～一六一五）是將骨相學整理成系統的人物。

與正式的人相學不同，他把人類的臉孔全比喻成動物，想尋找出類似性。其思想的根本是相似的形狀，也會有性質的共同點。

舉例來說，臉孔和牛相似的人，像牛一般的固執、懶惰、又脾氣不好；臉孔和鴕鳥相似的人，是膽怯、愛慕虛榮、又淋巴性體質的人。

波爾達的著作『人相學』在歐洲得到很大的迴響，也很暢銷。

他不僅研究人類和動物的類似點，而且也擴大其研究範圍，把動物和植物連貫起來。他主張在自然界生存的東西會互相吸引或互相反駁的原理。

當然，並不是沒有人提出反論。瑞士的哲學家約翰·卡斯巴·拉瓦迪，對於波爾達太過極端而迷信的理論提出反駁。他認爲不可能將一切人的臉孔比喻爲動物。假設有人面孔長得像豬一樣，其性質應該比豬好得多。

至於骨相學最近在日本也成爲熱門的話題。常常提到的犬型與貓型之性格傾向判斷，可能是以波爾達的理論爲開端。

日本的人相學

日本的人相是依據中國的相法爲基本，與漢字傳到日本同一時期，是從中國的漢代傳來而發展的。

人相術是以手相術爲代表的觀相學(＊1)，有很相似的經緯結構。觀相學與人相學有相通的手法與概念、判斷方法等，所以其經緯當然也相同。

然而不可思議的是，現在的手相以西洋式的手法較盛行，而人相是以中國式的手法較盛行。這意味著因爲現在日本人的思考模式是很西化的，可是臉孔與體型卻是東方型的。

體相

看人相時首先要看對方的哪一部位呢?體型是首先要看的。不只是看人相如此，這是一切觀相學的共通點。身體的相就稱為體相。體相是存在於手相發祥地古代印度，在人相起源的古代中國也被研究，但是在古代的希臘最為盛行。

人類的身體可以大概分為三種類型。這在相學方面成為判斷的基準，影響到手相與人相等一切之相。以下我們來說明型之特徵。

躁鬱型

別稱為營養型、肥胖型、肥滿型。

意味著身體全身發福而圓潤體型的人。

愛情深厚容易接近，有社交性的性格，但是有優柔寡斷又多情的傾向。多半是雙重性格，其快樂的心情(躁狀態)和憂鬱的心情(鬱狀態)會周期地出現。

分裂型

別稱為心性型、瘦型。

意味著全身消瘦的人。很有思考力又神經很細膩的人，但是缺乏行動力而且有神經質的傾向。至於人際關係也不太擅長。

任何人的心理都有表裡相反的傾向，可是這種人的這種傾向特別強烈。

肌骨型

別稱為鬥士型、癲癇型。是肌肉質又有強壯身體的運動員體型。很積極又重交情，是對任何事情都有自信而積極思考的人。可是另一方面脾氣暴躁，容易被激怒，所以人際關係上也有些缺點。

依據體相術，一般而言相同體型的人之相合性不太好。我們通常會認為相同型的人比較投機，而且萬事順利，但是相反地因為擁有的缺點相同，所以一旦遭遇挫折就會陷入無法收拾的局面。

不同型的人之相合性可分為：躁鬱型的人不挑選對方而跟任何人都可以交往，分裂型和肌骨型並不是良好的組合。

■　■　■

（＊1）**觀相學**：依據觀察人相與手相而判斷性質與命運之占卜學問。

東方式人相術的手法

在這裡要介紹的是東方式人相術。

看人相時，以判斷的部位分爲八種種類來占卜。

①臉型、輪廓

依據臉孔的胖瘦、輪廓、下巴的形狀、骨骼，也就是說從臉部整體來進行判斷。從臉部的特徵來判斷運勢的時候，將整個臉合計分爲六十二個部位來判斷。由於此範疇太過於專業，所以在這裡不加以介紹。

②左右的差距

臉可以分爲右半部和左半部，而以比較左右的方法進行判斷。

右半部表示現狀；左半部表示天生之宿命。如果左右沒有什麼變化的話，表示可以活用自己的能力並擁有一帆風順的人生；相反地，如果左右差距很大的話，表示會有波濤萬丈的人生。

春草學

看人的臉和手或其他之身體部份來判斷性質的占卜術，總稱為觀相學。觀相學中有不少珍奇的東西。

從古時候開始就有鑑定、識別女性的占卜。尤其對男性來說，他們會覺得這種占卜十分有趣。但是，這不能說只是以興趣本位所發展出來的占卜術。

尤其在東方的占卜世界裡，與配偶相合性的好壞是終生的一大事，尤其是夫妻之間的性生活，是維持和平生活的重要因素。

……肚臍眼很深是性生活的技術好，或者是化妝均勻的是沒有對象的證明，常用手摸頭髮是欲求不滿，領口有黑痣的女性富有同情心，其中不知道有否根據的也不少。

在這領域裡有個很特殊的稱為春草學（也稱為毛相學），這就是以陰毛為對象的占卜術。在春草學裡認為菱形和長方形才是最好的相，其下，平均的三角形和逆三角形是普通，但是Y字形和V字形是不好的相。

依據專家的說法，結果是不好的相，可以依靠改變生活態度來改變其生長的形狀。以觀相學宗家中國的立場來說，從古時候就有女性的陰毛越長越好的說法，所以這種說法說不定不是完全沒有根據。

③三停

將頭髮的髮際到眉毛之間、從眉毛到鼻子下、從鼻子到下巴等臉孔縱行地區分爲三部份的判斷方法稱爲三停。把額頭的部份稱爲上停、中央部份稱爲中停、下面部份稱爲下停。這三停分別表示人生的序盤、中盤、終盤的運勢，依照其發達情形可以判斷從現在一直到今後人生的預測。

④眉毛

眉毛是表達人類感情的重要器官，將人和其他動物的臉孔比較的時候，可以發現因爲眉毛發達的程度不同而有很大的差距。

人類的眉毛有帶著微微的靜電，依當時的精神和健康狀態而產生色彩及形狀的變化。眉毛的形狀也有吉凶，依照形狀與男女性別可區分成二十種以上的類型。一般而言，眉毛被認爲會表示運氣、生命、財產、血親、居住等五種運勢。同時，右眉毛表示公事、男、父、兄、弟等男性的部份，左眉毛表示私事、女、母、姐、妹等女性的部份。

⑤四官

在人相術來說，將眼睛、鼻子、耳朵、嘴巴等等總稱爲四官，再個別觀察加以判斷。

●**眼睛**

有一句話說「眼睛爲靈魂之窗」。眼睛會表現心態及狀態等表情。依靠眼睛的形狀、大小、瞳孔的顏色、眼神、兩眼的距離、眼瞼和睫毛的形狀來加以判斷。

在東方的人相術裡，有稱爲「神光法」而獨立出來的眼睛占卜法。

●**鼻子**

整個臉的中央隆起部份，佔去整個臉約三分之一長的鼻子，是象徵人的人性。同時，占卜師認爲鼻子和知的能力與行動力、指導力有關之外，與性能力也有關係。

鼻子的高低、寬度、形狀並不是受到外在刺激而形成的，而由於人格、感情等之內在條件而改變。有時候只看鼻子單獨的形態來判斷，可是一般人都將鼻子與整個臉的均衡狀態加以整合來判斷。

●**耳朵**

耳朵主要是表示遺傳下來的性格和宿命。可是個人所擁有的素質、賢明度、福耳等是表示福份。可以從形狀、位置、厚度、顏色等加以判斷。

●**嘴巴**

嘴巴是表示人類的兩大本能，食慾和性慾的程度。同時，由於一切的動物都靠吃的動作來延續生命，因此，生命入口的嘴也暗示著生命力。以部份的嘴來觀察，上唇是象徵積極性、下唇象徵消極性。和性慾組合起來判斷的話，上唇較發達的人是用積極的態度來表示愛情；相反地，下唇較發達的人是被動等待的個性。

綜合來說，依據嘴的形狀、大小、上唇與下唇的厚度與比例、顏色、皺折、齒列等來做判斷。

⑥額頭的紋線

人類到老年時額頭就會產生皺紋。這種線紋的專門術語是稱之爲節紋線，主要是表現人際關係。

依靠線紋的深度、條數、長度來做判斷。

⑦毛髮

頭髮本身表示遺傳下來的性質、精力、健康狀態，而長的型態或者是捲毛，是表示運勢。依據頭髮的顏色、光澤、軟硬程度、捲毛的形狀來判斷。

⑧黑痣

黑痣因部位不同而有不同的意味，是大家都知道的。以醫學的角度來看，黑痣是因爲腎臟機能障礙而生成的，數目過多並不很理想。

一般而言，黑痣可以分成三種種類，這些稱爲黑子、黑痣、紅痣。觸摸看看，隆出於皮膚表面的是黑子，沒有隆高的黑點稱爲黑痣或紅痣。由於痣所存在的部位不同而有不同的意味，黑痣是代表凶報，紅痣是代表吉報。

西洋的黑痣占卜

在東方，黑子的占卜術就是痣的占卜術，被認為是人相術中的一種。可是西洋的黑痣占卜術則是和占星術有很深的關係。

可能是身體各部位散開的黑痣令人聯想到天空之星星的原因吧。研究者們認為占星術和黑痣可能有某一種關係，所以在十四世紀以後開始進行黑痣占術。

在一六七一年，占星術師山度士發表了黑痣占星術的解釋研究，而使之成為熱門話題。

同時，在十六世紀後半的義大利，女性之間用「假黑痣」成為裝飾的一環而風靡了全歐洲。聽說在用假黑痣時都有參考占星術的解釋。

風水術

近年來，包括日本的歐美各國都十分注意從中國起源的命運學風水術。

風水術就是依據人所居住的場所，占卜吉凶而招徠幸運之命運學。

在日本，一般都有認為「風水術等於家相學（＊1）」的傾向，這種想法是不正確的。所謂家相學是風水術中的一部份和氣學（＊2）結合起來所形成的命運學。也就是說氣學和風水術、家相學等三種占卜術有著密切的關係。所以其他兩種類也要連貫起來閱讀。

風水術不限定於家屋，而要判斷城市、村落、國家等更廣義之事情，是由中國四千年歷史產生出來的命運學。

招徠幸運的方術

風水術並不只是單純的占卜術。其他多半的占卜術都是能窺視一些未來而應用於現在之目的所成立的，可是風水術是更積極的想避開一些厄運而抓住幸運之方式。可以說在於通常的要素又加上咒術的要素。

在風水術中，主要是要利用地來鑑定其「力」。地力强的地方所設立的城市會繁榮，在此地推行的庶務比較容易達成，在此居住的人也會得到幸運。可是相反地在地力弱的地方不能形成大的城市，想勉强地設立也不容易繁榮，同時在此地長久居住的人，也容易遭遇到不幸的境遇。

依據前些時代的合理主義，由於外在的要因，住在那裡的居民之精神與肉體或運勢會被支配的說法通常被付之一笑。

但是，現在環境對於人之精神和肉體，以至於其人之活動會有影響，已經廣泛地被認知。這些有時候被稱爲環境學（事實上並不是一種學問）。

可說風水術就是咒術性的環境學，也擁有可稱之爲學問之一種類的邏輯性、一貫性。和其他多數的占卜術不同，並沒有精神性輔導的要素，也排斥著哲學性。

現在所流傳的風水術有很多的流派，從這些當中只提出共通點部份加以說明。

■　■　■

（＊1）**家相學**：主要是占卜有關建築物之吉凶。

（＊2）**氣學**：從年月日與方位來判斷的占卜。和易、四柱推命等並列，是中國系占卜術的一種。

風水術的起源和歷史

「氣乘風則散，以水爲界則止。故人使之聚散。使之有行止。故謂風水。」

皆是記載於稱爲『葬書』的風水術教本中的一節。由此文可以了解到風水的語源由於要集大地之氣，使用風和水，所以稱這個技術爲風水。

在中國，自古以來，人們認爲住處風水的好壞會左右居住者的命運，是一個根深蒂固的觀念。當初是根據卜筮或是占術師的直覺來占卜，可是漸漸地和五行結合在一起，在宋代時期可能已經形成了和現在相近的風水術體系。

可是一提到「易」是指用筮竹占卜吉凶之方法，可是其正確名稱是稱爲「周易」。在古代的「周易」以前，有稱爲「連山易」和「歸藏易」兩種易存在。依據傳說，其中之歸藏易就是風水術的原型。

不管傳說的正確與否，實際上「風水」這句話出現的時間，是以文獻『葬書』爲起始。在關於『葬書』是什麼時候被寫出來的，卻衆說紛紜，在古代認爲是唐朝。可是現在卻認爲是在宋代。也就是說，至少風水術在宋代已經成立了。

當時有楊筠松、曾文遄、廖金精、賴文俊等風水四大家活躍著。風水術分爲形派和理派（後面將詳細說明）也是這個時期以後的事。

此後，風水術從明代傳入清代和氣學與儒教、道教思想等結合或混合起來而開始普及於民間。

從文明革命以後，風水與其他多數的占卜術相同，被認爲是迷信而棄於一旁，可是最近因歐美的風水熱潮而被刮目相看。

日本在相當久遠的古代，就從中國引進風水術。一九九四年於奈良縣藤原京蹟發現的木簡有記載這樣的情形。平安京和江户的城市也是經過考慮風水術的咒術而設計出來的。可是從大正時代以後，像這樣正式的風水術都衰微了。取而代之的是採納了風水之想法、更爲普及的「家相學」。

風水術的流派

風水術流派衆多，但可粗分爲理派與形派兩類。

理派並不重視是否在實地調查，而是重視以占卜來判斷的一派。理派又再細分爲三合派、三元派、三曜派等種類，這些對於方位之吉凶判斷驅使了中國系的占卜。

至於三元派是使用氣學、三合派是使用易、三曜派是使用東方系占星術。同時，也有使用稱爲羅盤之獨特的方位測定器的特徵。

對應理派之形派是不依靠占卜術，卻是純粹地調查地形而加以判斷的占卜術。

他們不使用羅盤而使用稱爲土圭尺和玉尺的用具。有關各種尺的形狀與材質，使用的方法是密傳，外者是無法了解的。因此，現代的風水術有許多流派。

要在這裡將全部介紹是無法做到的，在這裡只能對於風水術占卜概念的地形加以解說。風水術起先擁有龍脈和龍穴之觀念。

風水術所需要的要素

龍脈和龍穴

風水的基本就是龍、穴、砂、水四種。在理派還加上「向」（方向）共有五種。

「龍」又稱龍脈，意味著地中與地表，或者在河中行進的「氣」流，就是大地之能量。爲什麼要通稱爲龍脈呢？因爲氣流的樣子像一條龍的形狀。

至於這種龍脈可以大分爲三種種類，各是山龍、水龍、道龍。山龍是形成山之連峰、水龍是河流、道龍是道路。這當中水龍和道龍的性質非常相似，有些流派認爲道龍就是水龍的變化形而已。

「穴」是意味著其能量噴出地面之地點。就是說龍脈之能量可以直接使用的土地，但並不是說只要位於龍脈的土地就可以使用這種能量，沒有在穴的上方就不行。可以說風水術就是稱爲要尋找這種穴（也可以稱爲龍穴）的技術也不爲過。

「砂」在於穴之周圍，被稱爲保護從穴出來的氣。通常是山或者是丘的型態，但是有時候大樓和塔等也可以擔任這個角色。

「水」顧名思義是指池塘、湖泊、河流、海洋等的意思。這也有擔任保護從穴流出來之氣的作用。

■好的龍與壞的龍

前面曾說明過龍可以分爲山龍、水龍、道龍三種，然而在這些龍中也有好龍（有力量的）以及壞龍（沒有力量的）。現在以最容易了解的山龍爲例來做說明。

山龍是山山相連的連峰，這連峰的上下以及左右是大大地彎彎曲曲的話，則是有朝氣的（良好的）山龍。或是相反地，只有單調而直接垂落下來的就是沒有朝氣的（不好的）山龍。同時，其本源的山（稱爲祖山）越高越優秀。

除此以外，山的表面也是很重要的判斷資料之一。如果岩石過分的露出來，或荒地太多的山是不好的山。同時如果其途中有龍脈，這龍脈就像是受了傷一樣，以人工方式把山挖平而切斷龍脈是最糟糕的情況。

當然，龍脈不能再延續到前方，就是一個臨死的龍脈。

但是並非好龍就會經常充滿著活力，而是和其他龍脈有周期性的增減（以這角度看來，可以說龍脈也是有生命的）。如果連這個周期也能夠判斷出來，就是一流的風水師。

有關水龍、道龍的龍之好壞是十分複雜的。只是流向之形態、方角以及對於穴之形態等都有關係。與山龍不同的是，不能只對單獨的一條龍做善惡的評價，有時候對於某點（穴）是判斷爲凶，可是有時候對於某點（穴）是判斷爲吉的情形不少。

同時這些龍由於和其他地形、位置之關係，看法也有變化。例如和山龍組合的場合裡，與其解釋爲原來之龍的意義，寧可說是强烈發揮出「水」之效力。

況且，有時候一個龍脈同時擁有很多的穴。

龍脈途中有穴時，表現爲結穴。但是，即使龍脈有結穴時，當它還有剩餘力量時會更流向前方，而在於具備條件的地點又再一次結穴。因此，從此穴所流出之氣的强度和龍脈之上游與下游有關，而會受到周圍水和砂等要素較大的影響。

水與砂

從穴流出來的氣並不是一直滯留在那個地點。如果穴是任由風吹雨打之土地，氣會被風所吹散。同時，如果沒有水，陽氣（日光）會使氣變成霧散。

雖然這麼說，在風完全吹不進來的土地，氣會沈澱下來而變成煞氣（壞的氣，會帶來壞處之氣）。同時，照不到陽氣的地方也會同樣地因爲陰氣（水分）過多而變質爲煞氣。

這也就是說，穴必須要有適當的風、適當的光和適度的水才行。

要把這些適當的風、適當的光和適度的水帶到穴的附近，就要靠「砂」和「水」。

「砂」就是意味著從龍脈發源出來的山丘或者山等。如果這些好像圍繞著穴附近的土地延伸出來而擋住了，只要吹入適當的風就好。

也就是說，好像是一條龍環抱著穴，而把前肢伸展出來的姿勢。但是過

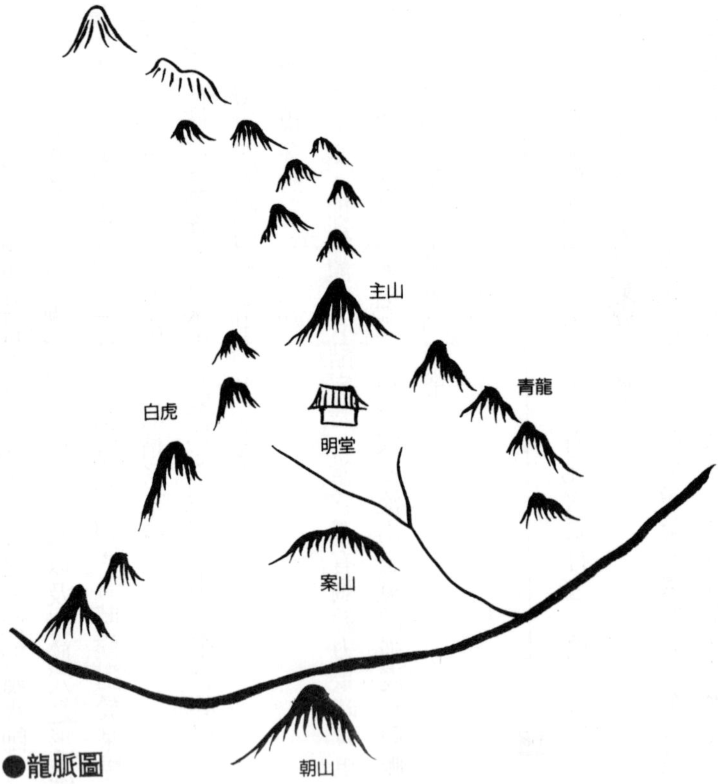

●龍脈圖

度的擋住風也不行，至於大小則是因山龍之長度與「水」的狀態而相異。

站在龍脈的頭看過去，右邊稱爲白虎砂，左邊稱爲青龍砂。如果這個左右兩邊的砂大小相同是最理想，但是並没有這麼單純。如果其中一邊極端的大，再加上其他的因素就會變成凶。

同時，整個穴（就是青龍砂和白虎砂之間空出來的空間，還有其外側）的平地稱爲明堂，如果穴没有明堂就表示凶。舉例來說，青龍砂和白虎砂完全連在一起而以穴爲中心形成盆地的情況，因爲没有明堂，所以也產生不了作用。

至於龍脈是按照「以水爲界即止」這句話之表示，必然在水邊造成穴。

「水」只要有成爲水塘就可以，其大小是無所謂的。這水質越清澈越好。如果在水質有污染的情況之下，會將穴所流出來的氣變成煞氣。

水若是以河流的型態存在也無妨。河流在其他没有山龍的情況下會單獨結穴，但是在有山龍存在的情況下，水會保護從穴流出來的氣。

水之流向和對穴的型態是重要的。簡單來說，如果水蜿蜒地流動，其彎曲之內側有穴的話是吉；外側有穴的話是凶，這稱爲水抱。同時水一直線流向穴的也是凶，這稱爲衝心水。

穴

穴必須要有適當的風、適當的光和適度的水。事實上，這與通常的植物之生存條件相同。不只是植物，假定有這種條件的土地，動物也可以過著更舒服的生活。

也就是說，氣所流過的土地，可說是人類可以快樂健康生活之土地。如果環境舒暢、身體健康的話，所承受的壓力也可以減至最小。無論是用功唸書也好，做事也好，都可以全力以赴地去完成。照這麼來說，風水術的說法是十分合理的。

同時，在這裡所說的「氣」是意味著「眼睛看不到之能量」的意思。是否和氣功法及氣學等的其他中國系思想常使用的「氣」相同種類呢?有關這問題，專家們之間的意見各不相同。

朝山與案山

不過，龍穴也有等級之分。龍脈、青龍砂、白虎砂、水的形狀和方向也是支配穴之質的重要因素。可是，這些是爲了龍穴存在而需要的。

和這些不同的是，龍穴之存在的本身並不是絕對需要，爲了評估其品質而不可或缺的是朝山與案山。有時候將這兩者合併起來稱爲朝案山。

所謂朝案山是從龍穴看去，位於青龍砂和白虎砂斷下來的方向之山峰。在附近比較低的稱爲案山，較遠、較高的稱爲朝山。不僅只有一個，有時候有許多個。

同時，土地較爲隆起的部份也稱爲案山。
朝山和案山以型態最重要。對於穴，以朝内側彎曲的型態被認爲是最好的型態，也就是好像要彌補青龍砂和白虎砂斷下來的缺陷。特別是朝山，它被認爲對龍穴有很大的影響。

陽窮則陰、陰窮則陽

在中國思想中常常見到的想法就是「過猶不及」，就是過分的幸福會轉換成不幸的想法。陽和陰各有相同的量存在著，如果其中一方過分地增加會被認為是違反大自然的法則，而會造成為了維持均衡的反彈作用之想法。
舉例來說，有一則故事叫做「塞翁失馬」，在現代多半被解釋為「不管現在是多麼幸福（或者不幸福），接下來都不知道會轉變成怎樣」之意味。可是，其實本來是為了表示「過大的幸運會轉變成不幸運；過大的不幸運會轉變成幸運」的原理。
這種想法也存在於風水術之中。
就是太過好的龍穴，因為陽氣太強而不適合陰宅（墳墓）的想法。
埋在這種墳墓的屍體會因為受到陽氣而不容易腐爛，同時，不僅如此，頭髮、呼吸、指甲會持續地成長而持續地對子孫作祟。甚至更嚴重的時候會成為殭屍，從墳墓跑出來夜夜侵襲人類。

陽宅風水與陰宅風水

依據實踐面來看時，風水術可以大約分爲陽宅風水與陰宅風水兩種。陽宅是指活著的人居住的地方（村落、城市），陰宅是指去世的人居住的地方，也就是指墳墓。

在中國思想常常見到的是認爲如果沒有好好的奉祀祖先靈位的話，就不能得到好運之想法。生者與死者（也就是陽與陰）是呈對應的情況，對於死者好的話，生者也可以擁有好運。中國基本上是採用土葬，所以墳墓就必然較大、較豪華。這部份多半跟陰宅風水的成立有關。

基本上，陰宅風水和陽宅風水是沒有兩樣的。在於好的穴附近建築住宅或墳墓，而由此接受氣可以招徠幸運。不過，住在那裡是生者或是死者，多少有一點差異。

起先，要比較陽宅與陰宅必須要有較大的龍穴。特別是把一個城鎮看成是陽宅的時候，差距更是大。

陰宅是因爲其性質上「氣」不太好，陽宅建造於地上可以間接的得到龍穴的氣。

陰宅是設置在地中，所以可以受到龍穴更大的影響。

以同一個理由，把陽宅和陰宅加以比較，就比較重視天的氣而不重視龍穴的氣。陽宅，尤其是個人宅的氣，並不是直接從地獲得（乘氣）而氣集中後再被放出到大氣中（納氣）才使用。特別是要看一個建築物的時候，並不只是重視龍穴，而是家的型態、門、樑的位置、方角等有更大的關係。

以風水術預言未來？

現在，風水熱潮已經普及世界，但是從以前就很盛行的是在南韓、北韓、台灣、香港等，多數在於中國周邊與鄰近的國家。同時，在越南與泰國等，以風水術為開端的咒術也很多。

這麼被親近的風水術也有進行預言的層面。本來，風水術就是要找出發出好氣地方的技術，但是運用這種知識可以進行很多種占卜術。

舉例說明，在三十年前就有某位風水師預言及評判了一九九四年七月，金日成主席的死亡而轟動一時。

龍脈有周期，其力量與氣勢有時會強有時會變弱。如果可以判斷出此變化，可以判斷住在其地區的人之狀況。龍脈的力氣減弱的時候，在龍脈氣勢強的時期所壓抑下來的霉運可能容易反彈出來。

當然，要以風水來進行占卜，必須要其他占卜術的技術，同時，要將這幾個種類整理起來而做成命運鑑定術才行。因此，不是一流的風水師不能進行預言。

風水的秘法……袪除壞氣

在台灣與香港等風水很盛行的地方，偶而可以看到在住屋與建築物意想不到的地方，裝飾著一個小小的鏡子。這是爲了袪除煞氣（危害人的壞氣）之風水術的咒術。

像這樣袪除壞氣之方法，在風水術裡被看成爲秘法，如果使用不得當反而會因反彈而昭致不幸。袪除煞氣顯然和風水以外的咒術，也就是說和道教、奇門遁甲、周易、祖先崇拜、土著之咒術等其他中國的咒術與占卜術混合在一起，所以没有辦法將其理論和具體的方法網羅而加以説明。

在這裡，以方法的觀點來簡單說明四個種類。

・置鏡法

是使用鏡子來袪除煞氣的方法。即使鏡子小，也能獲得很大的效果，而且比較容易設置，所以被普遍使用。使用的鏡子是普通的鏡子之外，凹面鏡、凸面鏡、池塘等相似於鏡子的東西，用來配合目的加以運用。

•立石法

使用磨光表面的石頭來代替鏡子使用。主要是使用於陰宅（墳墓）。

•符鎮法

這是貼上道教與神道的護符的使用方法。雖然效果很好，可是必須要選擇想獲得其效果的正確護符。

•埋物法

是將咒物埋在其方角之土地而期待效果的方法。需要埋的東西因想獲得的效果而不同，包括水晶與古錢幣、羅盤、符咒等，到動物的骨頭與毛，或活生生的動物之血、人偶，甚至是動物的屍體或屍體的一部份等等。可以說和本來的咒術一般，而有些可怕。

家相學

家相學是依據住家的構造和立地的條件等來占卜住在此處居民運勢的占卜術。與其他很多占卜術不同，它是用以人為變更、稱家「家」的作為對象，所以雖然是占卜術，同時也擁有咒術之一面。

家相學最盛行的地方是中國。最近在日本所流行的「風水」，其本來的面目也是家相學。家相學雖然以風水術為起端，可是卻是在日本獨特發展的方法。也可以說，家相學是日本獨特的占卜術。

家相學的起源和歷史

環境會影響人的觀念在東方是極爲自然的想法（＊1）。依據居住的場所而來占卜居住者命運的占卜術，在東方，特別是中國比較古老的時候就存在了。但是在當初，與其說是要用住宅來占卜人的命運，不如說是以找出適合此人居住地方爲目的的方法。

在中國曾經存在著「圖宅占」的家相學。圖宅占是對於住宅和居住在此之主人的姓，套上五音（宮、商、角、徵、羽五音）之方法。詳細方法不得而知，好像是依靠五音之組合來求家與人的相合性。

以後，有關於這些住居的占卜術以風水術之中的一部門，陽宅風水（生者之風水術）來發展。現在依靠陽宅風水來興建房屋的中國人仍然不少。

日本的家相學也有受到風水術影響。

在日本，有一說是幾乎和佛教傳來的同一時期最晚到奈良時期的末期有關風水或家相的觀念被引進來。平安朝的貴族依據風水術和氣學建造自己的房屋，所謂的寢殿造就是這個模式。

其後，在鎌倉幕府的實利主義的文化之下，占卜個人住宅的家相學曾經一時式微。到了室町後期又再度地流行，到了戰國時代末期才普及到民間。另外一說就是由於房屋沒有被戰火燒毀，同時一般庶民在時間上比較充裕，所以有時間考究住在更好的房屋。

江户時代的家相可說已經和風水相差一段距離，而有咒術性與討吉利的傾向。例如，

■■■

（＊1）～**是極爲自然的想法：**在西方沒有如此考量的根據，因爲西方科學、哲學以希臘哲學爲起始地，把對於人類的考察視爲研究中心。同時，西方與東方自然環境的差異，也是不能忽略的因素。

三個房屋連成一棟之中間的房屋會被兩側夾住而翻不了身，但是如果在天花板擺放扁擔，兩側的房屋都會倒楣而傾家蕩產。

到了明治時代的時候，有一段時期占卜術被認爲是迷信而遭到排斥。

到了大正時代，占卜師園田地角蒐集這些占卜術而進行選擇取捨，也和氣學、風水術等結合起來整理出一個體系。這就是現在家相學的原型。

現在的家相學興起了許多較小的流派，各流派都採納了風水和氣學等而獨自發展，可以說是如果有一百個家相師就會有一百種家相學存在。

在這裡，我們以全世界的觀點來看家相學。

風水與家相學的差距

風水術和家相學最大的差距，就是風水是站在觀察氣的流向與把氣引進的觀點，以有機性的與整體性的方式來觀察房屋整體；可是家相學卻是以各部位個別來判斷是合乎吉之條件或是合乎凶之條件的方法。

不僅是占卜術，任何事情要作整體的判斷都蠻困難的。因此，事實上多半有關家相學的書籍都是以獲得即效性爲目的。所以家相學是提出風水之精華部份而做成，占卜的中心是正式的吉凶條件判斷。

同時，可能是因爲中國和日本的民族性不同，家相學上有記載著「不能進行××」、「××是凶」等條件之類禁止型的指示很多。

但是，不管兩者之差距，在風水上被判斷爲大吉，但是在家相學卻被判斷爲大凶爲極端的差異是不可能發生的。所以可以將這兩種占卜術結合起來建造房屋。

家相的基本

家的中心

一切的家相學是依據房屋的中心方位來判斷吉凶。因此，爲了要占卜家相必須先以尋找房屋中心爲出發點。可是，尋找房屋中心的方法因流派不同而相異，有些流派把這方法視爲秘傳而不告知外人這個秘密。

若房屋是呈現正方形或長方形，此房屋中心很容易被找出來。對角線交叉的地方就是中心，可是多半的房屋不會單純地呈現如此的情況。

某些流派是取整個房屋型態的重心。或者有些流派連外側邊都連接起來，然後描繪出可以將整個房屋都包起來的完整長方形或正方形，最後再求這四角形的對角線交叉點。可是另一種流派省略掉突出及虧缺的部位（後面將詳細敘述），再找出本體的中心。

也有一些流派使用突出及虧缺部位的中間位置。還有少數的流派以此家主人的房間或頂樑柱爲中心。

方位

在家相學，爲了要求出方位而使用羅盤之類的用具。分割方位的方法有九氣方位、八方位、二十四山等三種方法。

九氣方位是和氣學相同，分割爲八方位（加上中央）的方式或是分割的角度不同。氣學的方位是東西南北爲三十度，東南、西南、西北、東北爲六十度；在家相學，八方位是使用等分（四十五度）的方位盤。

八方位是和風水的八宅派相同分割爲乾、兑、離、震、巽、坎、艮、坤等。

二十四山是在十二支個別又加上陰陽的壬、子、癸、丑、艮、寅、甲、卯、乙、辰、巽、巳、丙、午、丁、未、坤、申、庚、酉、辛、戌、乾、亥共二十四種。都個別等分成十五度。雖然和其他的分割法比起來比較細，可是强烈受到風水影響的流派多，必然採用這種二十四山分割法。

多半的流派是在這當中組合兩種以上的分割法來使用。但是爲了避免太複雜，入門書類上只表示一種方法的有很多。

在這些方位裡各設定了一個性格。舉例來說，正西方（八方位是兑、二十四山是酉）

是戀愛和金錢之意象。也就是說，依據此方位的性格，戀愛運與金錢運會受到影響。

煞氣

所有危害到人的氣總稱爲煞（煞氣），有的稱爲邪氣或凶氣。家相學的基本是將好的氣引進屋內而使其流遍整個房子，同時把煞氣切斷。這種煞氣依據其原因可以分爲三種種類。

九氣或八方位或二十四山等之方位分割各有設定其意義，依據其性質與門和房間的配置求出理氣煞、觀察建造房屋的土地或者其周圍之地形的屋外形氣煞、以及依據屋內的門與通路、樑求出的屋內形氣煞。

・理氣煞

「不能在鬼門（東北）設置玄關」，「不要在西南設置廚房」等，一般人所知道的家相大體上被分爲理氣煞。因爲方位本身有其意味，所以要避免用違反的方位來配置房間。

其中也有令人懷疑其真實性的，但是多半是在科學理論上可以令人信服。

例如，西南方之房間通風比較差（在北半球風多半都是從東方吹進來），但是陽光又太强烈而容易滯留熱氣。因此，避免設置廁所或洗手間等的衛生設備或是擺放食物的廚房比較好。

•屋外形氣煞

依據房屋周圍的地形與建築物、道路的形狀來判斷。

譬如窪地與房子周圍突起的建築物是表示凶。同時，類似於對應龍穴的河流，位於道路彎曲處的外側之房屋或道路直線走過來之正面的房屋都是凶。有關龍穴請參照「風水術」（見二五四頁）

•屋內形氣煞

依據房屋之內的門與通路、樑等來判斷。但是在日本的家相學不太會談到。頂多只會談到「二分房屋成兩等分的是凶」的程度而已。

但是，在從風水術來判斷的情況下會重視氣的流向，所以通氣會占有非常大的比重。

簡單來說，會阻礙屋內氣流流通之家具與裝潢的擺放方法是凶。這是為了避免阻礙家中居住者的活動線，看來蠻合乎道理的。

突出和虧缺、窗戶和玄關

建築物中從本體延伸出的部份稱為突出，相反的凹陷進去的部份稱為虧缺。突出和虧缺互為彌補關係。

至於要伸出多少才不算突出？是否本體的一部份（就是相反側成為虧缺的）的基準因

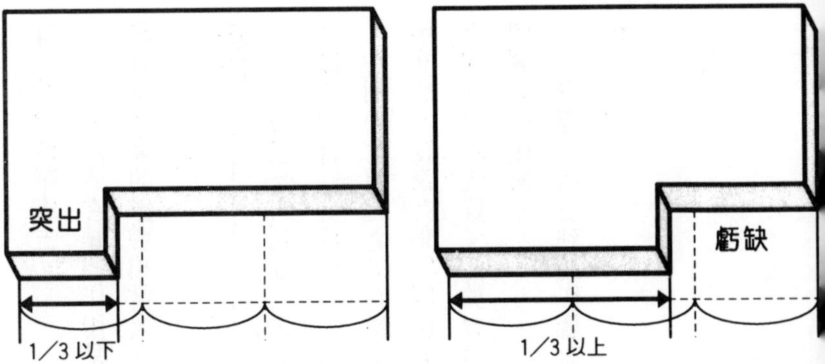

●突出和虧缺

流派不同而有差距。多半是凸出的部份占全部三分之一以下的稱爲突出。占更多部份的時候把相反側稱爲虧缺。凸出的部份占全部二分之一的時候，有些流派看成突出和虧缺兩邊都有。

突出是爲了要引進其方位之氣，而被認爲會强烈地受到氣的影響。舉例來說，支配金錢的爲西方角，如果在這方向有突出的話，表示金錢出入會十分激烈。如果在這個方向有煞氣滯留的話，也會引來煞氣而形成凶。

沒有煞氣的時候多半有正面的效果，可是在突出過大的情況下，其本身自然會轉變成凶。

可是虧缺和突出相反，而是爲了要遮斷其方位之氣，所以其氣的意義成爲負面的效果。舉前面的例子來說，西方角是虧缺的話，收入會減少而生活會變成陰沈。因爲所需要的氣無法得到補充。多半都是負面的效果，可是在虧缺過大的情況下，有些流派認爲本身自然會轉變成吉。

本來窗或玄關的作用是爲了引進外面的氣到屋内來。因此，與突出的情況相同，受到其方位之氣的影響相當大。舉例來説，正西方的玄關與大窗户就容易散財。

房間

房間也受到其方位之氣的影響相當大。如果此方位之氣的性質與此房間的使用目的能有好的相合性就成爲吉，若是壞的相合性就成爲凶。

例如，西北之氣有穩定和品格的性質，所以一家之主的房間和神龕佛龕都是吉。可是相反地，設置玄關與樓梯等本質爲動的空間就會變成凶。小孩的房間若設置在本質爲動的空間裡也不太好。由於會奪取小孩本身之元氣，或者相反地有將小孩教養成任性，甚至壓倒家庭的傾向。

實際上所受到的影響有多少呢？因爲突出與虧缺、設置窗户與門的方向不同而有所變化。

第4章 類

其他的占卜

- 無論古今，東方或西方，過去或現代，在全世界中被創造出各式各樣的占卜術。
- 在這裡將介紹前面未曾提到之手法與理論很特殊的，或者依據靈感下判斷的特殊占卜術。

神籤

大家可能都有到神社或寺廟裡求過籤，可是在要看神籤之結果時，可能不太會注意到為什麼所得到的結果是如此，而且也沒注意到其根據為何。

沒有做仔細的思考而坦承接受所得到的神籤，對人來說是最親近之占卜術。

表示神佛意志的神籤

爲了要探知神之意志的占卜有很多種，其中之一就是在神前求籤以確認神之意志的方法。在這裡可能不需要對這種占卜術如何變成神籤再作詳細的說明。

在『日本書記』書中提到「有間皇子(＊1)取短籍占卜謀反之結果」，可知自古以來就有存在著使用神籤之占卜術。

特別是從中世紀的日本以來，依靠神籤來問神佛之心意的占卜十分盛行。

求寫上名字揉成團之紙片的方法或是抽有作記號的竹串的方法皆是被使用來決定輪流擔任神事之負責人。這些方法仍然殘存在地方神社、寺廟的風俗習慣中。

室町幕府之第六代將軍足利義教(＊2)是使用神籤選出來的將軍。

因爲第四代將軍足利義持，在其繼承子嗣義量早死而又未決定其他人選的情況下身亡。爲此困擾之幕府重臣們，在石清水八幡宮的神前求神籤，而決定義教繼承爲將軍。

像這種用神籤來表示神佛意志的作法，被認爲不但超越人的想法，而且可以有公平判斷的方法。

起源和歷史

有關神籤的起源，我們無法清楚了解，可是有從古時候流傳下來的傳承。

在日本，被認爲是一切神籤的元祖是平安時代被創造出來的（被認爲是）元三大師百籤。這種神籤有一百種種類，各寫上五言四句的漢詩。依據這漢詩的意味來決定吉凶。

有關於元三大師百籤，元三大師又被稱爲是比叡山中興之祖良源的故事很有名。

在中國的天竺寺被稱爲「觀音籤」的神籤，被圓仁（＊3）帶回比叡山，良源參考觀音籤所作成的就是元三大師百籤。但是，在這裡所介紹的只不過是流傳下來的故事，是否有真實性，完全没有根據可判斷。

考慮到依據寫在竹籤上之漢文決定吉凶，說不定是參考「預先決定吉凶」之中國讖緯書（＊4）所創造出來的。

由於神籤是作爲傳達神佛意志之用，所以主要是在寺廟與神社中發達。

把從平安的古代傳襲下來的神籤整理成現在的形態，精練成爲同樣格式的是從江户時代以來的事。過去在各地獨自所做成的神籤當中，寺設系統的神籤是模仿元三大師的模樣做成的。要提起神籤之普及，天台宗之大僧正天海的存在是不能忘記的。關於他與神籤的關係，仍然保留著煞有其事的傳説。

有一天，天海會在夢中得到良源的告示。

其内容是：「在信州户隱神社，收藏著我自己做的觀音百籤，可以去取出來使用」。天海馬上派遣使者取得百籤而改造成神籤的形式。這就是所謂的元三大師百籤。

天海熱心信仰良源，而且在當時占卜師養成所之足利學校學習漢學。把這些總和起來思考，天海與神籤元三大師百籤之成立有密切關係的可能性很大。

至於現在，在於淺草寺、寬永寺兩大師堂、川越喜多院、比叡山元三大師堂等和天海有關的寺院，都有發行元三大師百籤系的神籤。這些系列的神籤是在天台宗系的古老寺院較多，可是也有京都的晴明神社之類的神社採用的例子。

和寺廟有競爭關係的神社，也有取代漢詩的和歌出現了，這可能就是依照歌占（參照專欄）的傳統而做成的。抽籤是在於參拜之後，想占卜吉凶之簡便方法。

神籤一直受到大衆之歡迎而傳襲至今。

（＊1）**其間皇子：**六四〇～六五八。孝德天皇的兒子。孝德天皇死後，他的地位變得很不穩定，被蘇我赤兄所煽動後決定對中大兄皇子圖謀叛變。但是，遭到赤兄密告而被逮捕送往紀伊國屋處刑。在此途中所作的兩首和歌記載於『萬葉集』。

（＊2）**足利義教：**一三九四～一四四一。義滿之子。出家稱爲義圓，但是因爲清水八幡宮的神籤而繼承爲將軍。他推行了使住在關東之足利持氏自殺的强壓政策，卻被對此政治感到恐懼的重臣赤松滿祐所殺害。

（＊3）**圓仁：**七九四～八六四。第三代天台住持。在唐朝學習密宗而歸國。在東國推廣天台宗，並且開設山形立石寺。去世之後被贈與慈覺大師之法名。

（＊4）**讖緯書：**是在漢代流行的一種預言書。聽說讖是從河圖所導出來的預言書，緯是對於五經等之儒教聖典，作神秘性的解釋。

神籤的實貌

神籤的抽法

據說神籤是「洗手、漱口之後，拜三次才能打開」，其實並不需要嚴肅到這種程度。但是，因爲是要聆聽神佛的旨意，所以應該要先膜拜之後，再以虔誠的心情來求籤。

也有人說「神籤是一直抽到有吉籤出現爲止」，這可能是從道教筊的想法而來的。擲筊是投擲半月形的小板子來占卜之方法，可以反覆占卜好幾次，直到出現吉爲止。

但是，被稱爲東方系占卜術聖經的『易經』中記載著：「第一次占卜會告訴真實的結果，可是第二次會污穢」由於如此，抽籤只要抽一次就好。如果想要再抽一次，應該要隔一段時間才好。

抽籤出現凶的時候應該怎麼辦呢？

神籤裡有一句話說「大吉歸於凶」，這就是以易的「陽極生陰、陰極生陽」的道理爲由來。也就是說，若是太極端的吉，開始會轉到另一個方向。「大吉歸於凶」就是「凶歸於吉」。

所以如果出現了凶，就要努力矯正自己本身的行爲，在那當中，狀況一定會好起來。從反省自己的行爲到狀況有改善爲止，要一直磨練自己才好。

大吉歸於凶

有關這一句話我們再作詳細之說明。

在易經裡常常出現這一句話「亨元利貞」（大吉，生活有規律最好）。這就是表示雖然是大吉，但是生活不規律的話，大吉就會變成不是大吉而回歸爲凶。

不管是吉或者是凶，想去求籤的人都要先反省自己的行爲，更不能懈怠了自我磨練的事。這就是隱藏在神籤裡真實的教義。

■神籤的吉與凶

在神籤中吉與凶的比例，吉絕對是比較多。被認爲凶的比例比較高之元三大師百籤系的神籤，凶的出現機率是三成，而大凶在一百支中只有一支。

雖然如此，也有不少的地方完全不放入凶的神籤。例如，天滿宮系的神社在於考試的季節絕對不會放入凶的神籤。但是，也有將從任何角度看來都是凶的內容想成是末吉，所以要解釋神籤內容的時候應該多留意。

對於常出現的內容，以下作簡單的解說。大吉等於非常好、吉等於好、小吉雖然沒有吉好但是也不錯、末吉是經過一段時間之後情況會變好、凶等於不好、大凶等於非常不好。

除此之外，還有一些地方會加上平，平之籤詞就是表示過著平凡的日子就是吉的意思。

有的神籤的結果並沒有採用吉或凶的用語。這就是藉由閱讀神籤的內容，來自行判斷吉凶。

曆　占

有很多種類的占卜術存在，可是強烈影響現代人的是曆占。這是融入我們的日常生活中的「緣起」（這是佛教用語，吉凶之兆）。

舉行結婚典禮要選擇大安之日、葬禮要避免和滅或是友引，在科學萬能的現代這是很普遍的事。現在就讓我們來看看與現在人有密切關係的曆占術。

日本曆的歷史

說明曆占之前，必須先說明日本曆是如何形成的。

曆在從中國傳進日本之前，日本是一面觀察自然變化、一面營運農作。

舉例來說，天空星星的位置會因爲季節的遞嬗而變化，同時其位置會規則性地轉移方向，這是全國都知道的事而代替月曆使用。另外還有將昴星團在傍晚位於中南方的時候當作種蒔時期。同時，在長野縣附近有看著高山之『雪形』而決定農作業之開始時間。

如此這般，對古代人來說大自然就是最好的月曆。

依據『日本書紀』之記載，可以看得出來在欽明天皇時代有來自百濟的曆博士。可是，最初在日本施行的曆是持統天皇四年（六九〇年）施行的元嘉‧儀鳳曆。

這時期的曆是以月亮的盈缺和太陽的運行兩方法作爲基準的太陰太陽曆（＊1）。以後到了七六三年是使用大衍曆、八六三年是使用宣明曆。宣明曆是日本史上長期使用的曆法。

宣明曆的發行是由專司陰陽道的家系賀茂家與土御門家獨占。在中世紀，地方上也有發行大宮曆與三島曆，但是其根據都是賀茂家所發行的曆。

不過，宣明曆沒有加以重視日蝕與月蝕之特殊的天文現象，所以也有相當大的差距。除了天文觀測的精準度不正確之外，長久以來也沒有再修正過。所以不久之後，這種曆法就沒有再爲人使用。

時間經過到江户時代，幕府命令澀川春海（＊2）編輯製作新曆。春海是參考中國元代的曆法而製作新曆。這是稱爲貞亨曆，是在一六八四年施行。

爲了提昇曆的精準度，貞亨曆也製作成加入了西洋天文學之形式。這就是在一七九七年的寬政曆，改良之後所施行的就是一八四四年的天保曆。

至於，被稱爲舊曆的就是指天保曆。在於明治元年（一八六八年）約二十年之前施行的，因此，雖然稱爲舊曆也是相當新。

進入明治時代，爲了要迎頭趕上列强諸國，在各方面都積極地引進西洋文化。當然，曆也必須要具備世界標準才行。

明治五年以後普行的太陽曆，就是現在我們也一直在使用的月曆。

■ ■ ■

（＊1）**太陰太陽曆**：和太陽曆比較短一個月，有時候一年會有十三個月。當然，月份和實際的季節會有差距，可是季節的運行是依靠立春等二十四個節氣來決定。

（＊2）**澀川春海**：一六三五～一七一五。出生於京都。最初的職業是圍棋，可是學了曆學和天文學而創造了將宣明曆改編成的貞亨曆。因爲其功勞而被任命爲幕府天文方。

曆占的歷史

成爲曆占之源的是具注曆。這是再加上六曜之後，成爲現在我們使用之曆占術的形態。

具注曆的開始

所謂具注曆就是對每天的吉凶做詳細解說的曆。

宣明曆的發行是由賀茂家與十御門家獨占，同時他們也是陰陽道的專家。所以曆和陰陽道結合起來，表示日的吉凶的形態是必然結果。

依靠這種曆法來生活的人們，當然相當介意每天的吉凶。

舉例來說，平安時代的貴族每天早上一起來就馬上念守護星的名字，接著看看鏡子檢查自己的健康狀態，再看看曆，調查日子的吉凶。

同時，在曆上表示凶的日子必須進行齋戒，並且一直關閉在家裡不要出去活動。

也就是說，表示日之吉凶的具注曆決定了平安時代貴族的日常生活。依據藤原道長寫在具注曆上的日記『御堂關白記』，大部份的時候道長一個月進行了十幾次的齋戒。

所謂具注曆的風潮又被江戶時代的曆所繼承。然而在現代也有人所忌諱的「三鄰亡」與「一粒萬倍日」，就是從江戶時代的曆來的。

所謂「三鄰亡」是意味著如果有房屋在這一天進行上樑儀式的話，一發生火災連鄰近的房子也會被燒毀，所以，這天是被認爲禁止上樑儀式的日子。「一粒萬倍日」是被認爲在這天各種被播種的種子會變成一萬倍。所以店鋪在此日開張是吉。這些都是流傳到現在的吉凶日。

也有完全相反地已被廢棄不用的吉凶日。例如，江戶時代所認爲令人心生恐懼的大惡日「黑日」已經被完全廢棄了。

六曜之起源

六曜是表示先勝、友引、先負、佛滅、大安、赤口等六種。

這六曜是起源於唐代的曆算學家李淳風所著作的『六壬時課』。但是，因爲在中國是認爲「案日順數少無深意」、「其義不足取」……也就是認爲六曜是無根據的，所以將此消滅。

六曜是在室町時期初期傳入日本的，可是被稱爲小六壬。不過，這小六壬剛開始是被使用於時刻的占卜。可是，由於日本不太瞭解小六壬的占卜方法，所以在日本没有流行起來。當然，這也没有記載於江户的曆上。

六曜的落實

在明治時代使用太陽曆的時候，六曜開始被人們所使用。

明治政府施行太陽曆的同時，認爲占卜日子的吉凶是一種迷信而加以禁止。過去對於日子的吉凶十分重視的人們，無法因爲這道命令而輕易地割捨這個占卜方法。所以另外求取一種新的占卜術，就是六曜占卜術。

六曜占卜之所以會普及，就是由於它的占卜方法很簡單。

對於一般庶民來説，需要複雜的知識和程序的占卜術是十分難以理解的。但是，六曜占卜是由六種日按照順序循環，偶爾會改變順序比較單純的方法。只要了解這簡單的原理，任何人都可以占卜日的吉凶。所以在過去的占卜術被禁止的情況下，庶民就依靠新的六曜占卜來決定日子的吉凶。

雖然現在書店可以看到「占曆」的發行，二十八宿（＊3）與十二直（＊4）等之古式的占卜也復活了，可是被一般庶民廣泛接受的仍然是簡單的六曜。這情況一直持續到現在。

■■■

（＊3）二十八宿：將黃道周邊的星分爲二十八個星宿所稱呼的星座。看看月亮是進入這二十八宿的哪一個地方，來決定日子的吉凶。

（＊4）十二直：「建」、「除」、「滿」等十二種的吉凶日是按照順序輪流的。這被認爲是從北斗七星所引導出來的占卜術。由於在江户時代的曆中刊載於中段，所以又稱爲「中段的曆」。

六曜的效用

對於相信科學萬能的人來說，六曜占卜遭非難爲迷信，然而它能落實在民間，卻仍是有相當的理由。

在第二次世界大戰後，邁進高度經濟成長期之前，日本多數的人口都是農民。上班族一個星期有禮拜天一天的休假，可是農業並不能夠每個禮拜天都休耕。昔日的農民，並没有固定的假日。

但是，在佛滅這一天，無論做什麼事情都是不吉利的日子，換句話說，就是什麼事情都不要做的日子。在農村，佛滅這一天是除了基本農作業之外，其他的事都不做的日子，所以也相當於農業休耕日。

不管是不是農民，例如在大安的日子舉行任何慶祝的事，比較容易得到關係者的同意。而且如果順利地在大安日舉辦任何事情，來到的人會把這當作比任何事情都優先而共襄盛舉。

因爲六曜占卜是像這樣的配合現實上的情況，所以比較容易落實在民間。

如何對應六曜

如以上所說的，六曜占卜的歷史並沒有十分悠久，也不是有根據的占卜術。但是，如果勉强地在佛滅之日舉行婚禮的話，一定會受到老長輩指責。如果在佛滅之日或友引之日舉行葬禮的儀式，也會被參加葬禮的人在背後漫罵。

雖然不需要如此在意，但是六曜卻根深蒂固地深植於日本人的精神，而且也落實在風俗上，這是不容置疑的事。

所以，如果能夠適當的對應才是正確的態度。

例如，在婚禮的會場裡，遇到大安之日又是禮拜天的時候，都要增加工作人員，而在佛滅之日又是平常時間的話，工作人員就不需要那麼多了。

受到大安與佛滅影響的工作，除了婚禮會場之外還有很多。

六曜的意義

六曜是從先勝到赤口每天輪流一個。

可是這種巡迴也有一種特例，就是每一個月的初一所配置的六曜都固定。

舊曆的一月一日和七月一日是先勝，二月一日和八月一日是友引，三月一日和九月一日是先負，四月一日和十月一日是佛滅，五月一日和十一月一日是大安，六月一日和十二

六曜的意義

先勝	中午之前是吉，中午過後是凶。訴訟或辦理緊急的事就是吉。
友引	早上、傍晚、晚上是吉，白天是凶。由於「友引」，所以避免舉行葬禮。
先負	緊急事情是凶。下午是吉。
佛滅	一切事情都是凶，在江户時代寬政年間的書籍中有寫著「物滅」，就是所謂「佛滅」的別字
大安	一切都是大吉。
赤口	只有中午是吉，除此之外的時刻是凶。這一天被認爲是赤口神(＊5)困擾衆生的日子，這可能是由發音上加以穿鑿附會而來的。

月一日是赤口。

當然，舊曆和六曜是沒有關係的。但是爲了要讓六曜占卜有古老與權威的感覺，所以才和舊曆結合。

■■■

（＊5）**赤口神**：認爲是Misiaguchi神之變形的稱呼，有關Misiaguchi神，各學者都有不同的說法，所以在這裡無法加以確定。其中有一個說法就是諏訪系的神在木頭或石頭上出現的蛇形。Misiaguchi神又被稱爲「Siakuchi」、「Siaguzim」、「Osiamozi樣」等。

水晶占卜術

一提到占術師，可能很多人會聯想到手罩在水晶球上的老婆婆，或者是用面紗遮住臉神秘的年輕女子。

同時一提到水晶占卜術，是任何人都能馬上聯想出占卜情況的占卜代表之一，但是這個占卜的手段只有本人才知道，常常被隱藏在神秘的面紗中。

可是很悲哀的是，我們人類對於無法了解的事不想加以肯定。甚至在現代，還有不少人認為那些占卜術是一種騙術。占卜的歷史對於占卜師來說並不是十分平順的，因為常常遭到當權者的迫害。雖然知道會遭到迫害，他們仍然進行水晶占卜並且傳襲下來。這可能是由於他們的資質所造成的宿命。

需要有靈性資質的占卜術

水晶占卜被分類爲「依據内在直覺的占卜術(＊1)」。

這是極爲小部份的專家才能進行的占卜術，而各人都有其特別的手法與暗示。

把用水晶來占卜的占卜術，總稱爲水晶球占卜術或是Crystal Romancy。

水晶占卜的手法可以大分為兩種。

其中之一是稱為透視術，那些應該不可能投影在水晶上之很遠的影像、隱藏起來的影像、過去與未來的影像、雖然是片段的但是會具體地浮現出來。如果要稱這為占卜術，那麼也是用水晶為道具的透視法。

另外一種是沒有特別的名稱。將不完全的繪畫或記號等暗示映照在水晶上，以這為線索而推測當事者之運勢和命運，這就是所謂水晶占卜術的代表手法。前者提到的透視術，需要極為特殊的高度靈感與資質；後者提到的需要具備能判讀呈現出來的暗示能力（雖然如此，仍是需要高度的靈感與資質）。

從水晶球得到暗示的方法有兩種。其中一個是持續的觀察水晶球，使精神轉變為催眠狀態，再依靠平常不會表現出來的精神狀況來感覺啓示；另一種就是察知對於施術者的問題水晶球所呈現出來的陰影與變化，而不依靠自我催眠來引導答案。

只是如此，這兩種說法互相對立。同時，在進行水晶占卜術者之間，仍然不斷地爭議著哪一方比較正確。

本來被分類為內在直覺的占卜術，會因為每一個占卜術者的手法不同而獲得不同的結果。因此，這些說法應該都要被認為是對的才好。

占卜的道具～水晶球

一般用於水晶占卜術的水晶球，以直徑五公分以上，純藍、紫色的球體較佳。

不過，要符合上列條件的水晶球，價格非常的昂貴，占卜師認爲用透明玻璃所作成的球體也可以。也有用大的玻璃杯注入水爲代用品。

起源和歷史

水晶占術的詳細起源時間無法考據。

或是依靠火燄搖晃，產生所謂的幻影來占卜吉凶的方法，從古代以來已經在世界各地進行著。不容置疑地，這就是成爲以後水晶占卜的原形。

使用道具的占卜術手法，人們認爲鏡子占卜是最先發生的。在波斯克列斯寺院的泉水，人們使用鏡子來占卜的記錄記載於『阿凱亞』第七卷。這就是將繫上線的鏡子沈入泉

■　■　■

（＊1）**依據內在直覺的占卜術**：一九六五年在法國出版的『Encyclopedie de DivisionTchou（占卜百科事典）』之分類法。在此書中，將全世界存在之兩百九十二種占卜方法列出來，並且加以區分。

認識水晶占卜術

對於進行水晶占卜術的人們之一般認識，由於有的國家抱持敬意、有的國家抱持輕蔑，所以差距相當大。

在今天的日本，將這個能力稱為「靈能力」，而稱呼實行占卜的人為「靈能者」。然而，一般人對靈能力之認識，只是把它看成是一種演藝能力。

水晶占卜配合施行占卜術者的能力而顯示出暗示，再不確定的關鍵推測出正確答案。在這種情況之下，水晶占卜與靈視具有同質性。

靈能者是否真正有特殊能力，這是沒有辦法判斷出來的。可是，就算是假定靈能者真正擁有特殊的能力，如果一開始就意識到想加以否定的人佔大多數，無論如何地發揮能力都不可能真正受到肯定。

同時，這種理論也包括了承認靈能力人們的意見。

但是相反地，不承認靈能力的人們對於不能完全地依靠科學加以證明的事，就不可能認定。其實這些主張都沒有錯誤。不管怎麼樣，從我們人類信仰科學以來，無法用科學來證明的多半會遭到否定。所以占術師一直受到迫害的原因就是如此。

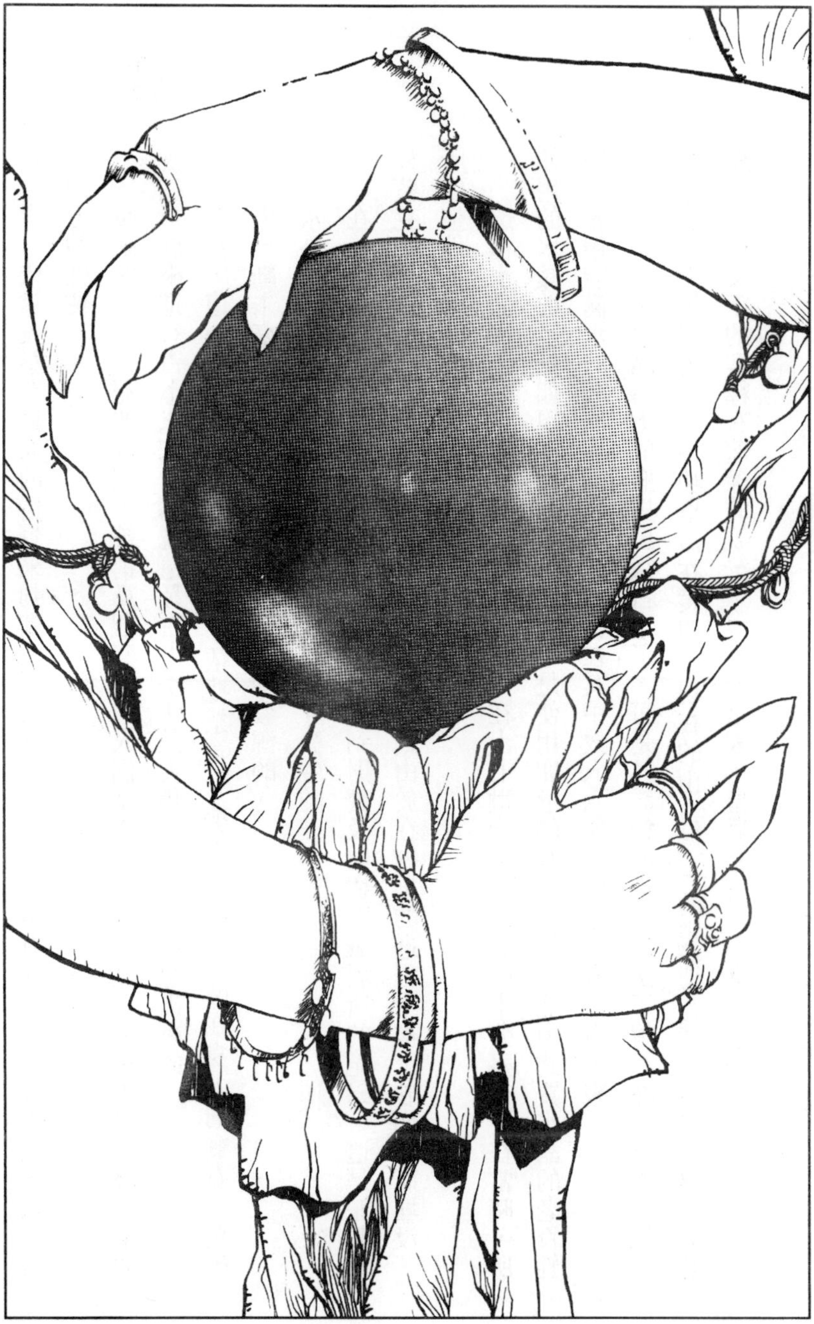

水之中，依靠投影在鏡面的情景來判斷疾病的恢復情況，這擁有鏡子占卜與水晶（水）占卜兩方的性質。

後來在十二世紀的歐洲，被稱爲觀察者的人們拿鏡子照著月亮，依靠投影在鏡子上的月亮形態來進行占卜未來。聽說這種占卜手法是從猶太人之間發源出來的。

而且，這種占卜並不是使用水晶。依據祭司等地位較高的人裝在身上的寶石（裝飾品）來判斷未來的占卜方式，就是從這時期發源的。

水晶被使用占卜的事，是十六世紀以後才發生的。

在一五三〇年紐倫堡的僧侶於水晶之中看到財寶及財寶隱藏場所的記錄，這是記載於杜藍克的著作裡。至於尋找財寶經緯的僧侶，則由於在挖掘的過程中被土砂崩落而埋没，所以整件事至此中斷。

這種水晶占卜術由吉普賽人傳到西洋，在十七世紀左右的英國十分盛行。在當時，所使用的水晶並不是如現在的正球體，多半是使用卵形的水晶。没有能力購買水晶的老百姓們，會用裝滿水的玻璃杯來代替，並且在其中放入六便士的銀幣來占卜未來。

在日本，水晶占卜的歷史已很古老了，可是其詳細的情形無法了解。在『日本書紀』的仲哀記中記載著：「神功皇后在長門（現在的山口縣）的豐浦之津，從海中取出如意珠」。這文字的解釋有這樣的說法，「可能是表示皇后在海裡面進行水晶占卜」。

如果，這是事實，那就表示在第四世紀的日本就施行水晶占卜了。

水晶占卜的實踐

水晶占卜術並不是人人都可以做到的，一切都要依靠個人的資質。常常直覺力或者是預感力敏銳的人，可以推測其資質是十分充分的。

在這裡，要解說的是十七世紀於英國流行的基本水晶占卜方法。但是，這個方法不能占卜自己本身。所以，除了施術者之外，前提是應該要有占卜的對象。

不管怎樣，要能確實判讀出暗示的話，必須要進行好幾次的水晶占卜，再把暗示與現實對照。這除了磨練之外，可說沒有其他的方法。也就是說「習慣比學習重要」。

①施術者與占卜的對象在占卜之前要有十五分鐘程度的冥想，並且要保持沈默。要占卜的事項必須事先從對方聽取，基本上是由施術者向水晶問話。占卜的對象不要去想什麼，而且要排除掉一切的雜念才行。

②如果施術者有充分的資質，在此時水晶球會產生某種程度的變化。至於變化程度如何，會因爲施術者的資質不同而異。因爲只是出現某些視覺上的形象，所以施術者必須要判斷這形象所擁有的意味。如果出現了記號或暗號等一般的形象，表示這記號擁有卡帕拉性(＊2)的意義。在這個情況要記錄起這個形狀，等到以後再加以解釋。

鏡子占卜術

鏡子占卜和水晶占卜有同樣的性質。和水晶占卜互相比較，這是比較陌生的方法。但是，告之於水晶的訊息會投影在鏡子上而暗示出來。

舉例來説，在童話故事的白雪公主裡就有鏡子占卜術的場面。心腸壞的王妃（或者其部下的女巫）爲了要找出世界上最美的人而使用魔鏡。

鏡子占卜術和水晶占卜術一樣，從反映在鏡子上的幻影來進行占卜。

可是從中世紀以來，鏡子所擁有的能力比施術者所擁有的能力還要受重視。也就是説，擁有魔力而進行占卜的是鏡子。施術者只要加以解讀（看）而已。

由於如此，鏡子占卜並没有被認爲是占卜術，而是「魔術」，所以像獵女巫等才被强烈彈壓。可是現在，聽説能傳襲鏡子占卜術的人已經不多了。

■ ■ ■

（＊2）**像記號或者是暗號的形象**……真實置換爲暗號的手法，在神秘學的世界裡常常被使用。尤其卡帕拉秘法以暗號隱藏在聖經等的手法是最具代表作。在水晶占卜方面，有時候神託或是施術者的深層意識會出現爲某種特定意味的記號。詳細情形請參照「卡帕拉數秘術」（八十三頁）

演技占卜術

在這個世界上存在著各式各樣的占卜術。尤其是現在，占卜術極為多樣化，同時，使用這占卜術的施術者都是強調他們特異的個性。在他們之中，不僅扮演占卜師，有些人在其他方面也很活躍。

那些占術師當中，為了要使人們對他們的占卜術有更深刻的印象，同時為了提高本身的靈感，會用一種很誇張的「演技」來進行占卜。

因此，將這些總稱為演技占卜而進行解說。

演技占卜術的意義

所謂的演技占卜術，其演技可說是多種多樣。同時，他們擅長的占卜術也是很特殊，可是沒有固定的方法或法則。

一般而言，以擅長靈感系占卜術的占卜師，多半有華麗表現的傾向。同時，演技和占卜術之間的連貫因人而異，其中可以明顯看出來是演技重於占卜術的人也不少。

進行演技的最大的理由就是要藉此鬆弛委託占卜的對方之緊張感，或是相反地想把精神集中在目的上。被占卜的人因爲占卜師而打開心扉，把精神集中在煩惱上，占卜師的靈感也能更加强而獲得較好的結果。

同時，也有一些占卜師只是爲了要讓自己的精神更集中而實行特定的儀式。

除此之外，從任何角度來看，在占卜師身上都看不出演技和占卜術有任何關係。但是，其實對他們而言，演技是實行占卜術的重要因素。

起源和歷史

從古來占卜術是和舞蹈與歌唱、演奏等演技或藝能有密不可分的部份。占卜師的起源是女巫等於Shaman（祈禱師），這是與衆神交信之必要的職業。藉由自己陷入恍惚的狀態，或是以一切的方法使精神高揚，來向人們傳達神的語言。

而且特別是在日本從中世紀以來，占卜師的社會地位有很大的變化。

從中國大陸傳來陰陽道以來，被人們所尊敬的女巫在歷史上曾經消失過一段時間。曾經一時掌握政治實權的陰陽師，在戰國時代以後就喪失其地位了。

在這樣的情形當中，有一部份的占術師們成爲流浪者而和江湖藝人在一起，飄流於各地。

村民們接觸了占卜師之後，也只是在農作物空閒、舉辦廟會時才請他們爲之占卜。

因爲在舉辦廟會時，一定是大家開開朗朗地熱鬧一番。當然，有些占卜師會學習一些技藝，少數的人除了占卜之職業以外，也有其他謀生的方法。

同時，爲了要招來群衆以及建立占卜師的信用，有些人學會了華麗的或神秘性的裝扮或是舉動。

擔任帶領人們獲得幸運的人也要注意自己的儀表。如果一個穿著寒酸的人告訴你說「你會成爲大富翁」，你會相信他嗎？像這樣連自己的進退都沒有能力的人，又怎麼能夠有帶領別人預知幸福的能力。還是讓穿著華麗的占卜師告訴你「你會成爲我這樣的大富翁」，才會提高對占卜的信心。

現代的占卜師

雖然這麼說，占卜師的演技比占卜術更引人注目是最近才有的傾向。

在這之前，確實舉動較特殊的占卜師有很多是屬於演技派的，但是其程度頂多也是被單純地當作騙徒而已。

可是由於電視或雜誌的出現，占卜世界也產生很大的變化。傳播媒體依靠文字與聲音，並且大量地使用照片與影像來報導，這是從此時期開始的事。

在現今，不僅是占卜的內容，連占卜師本身都是人們產生興趣的對象。

從一九七〇年左右開始，多數的占卜師出現於傳播媒體上，有些人的生活和演藝人員的生活幾乎沒有兩樣。

由於占卜熱潮而一時大量出現的占卜師，也是演技占卜能成名的原因。對占卜有興趣的人所判斷的對象，除了占卜的內容之外，還有占卜師本身的個性與神秘性。

最後的結論就是，所謂的演技占卜術不是占卜師本身需要那樣做才如此，而是占卜師爲了因應人們的希望，「占卜應該要用什麼方法來進行」，結果自然產生出來的方式。

相反地，也有人的演技完全搞錯方向。但是，在對事情的看法十分多樣性的現在，有不少的人認爲與衆不同與莫名其妙的事才具有真實性。

占卜術之類的文化普遍地落實以後（與必須進行占卜術的古代相比較），在富裕又安定的現在社會裡，占卜術也被要求娛樂性强烈又具有玩樂性質。一部份以演技爲前提的演技占卜師，寧可將自己解釋爲表演占卜的藝人。

各式各樣的演技占卜術

這一類的占卜術無限地被創造出來，如果要把所有的種類都加以介紹是不可能的。以下我們來介紹比較有趣的演技占卜術。

・吹火占卜術

在於裝飾有錫杖之類的棒子前端綁上要占卜的人之內衣，把火點上之後，然後向著內衣吹著火，看看火燃燒的情形來占卜。

•手風琴占卜術、舞蹈占卜術

先彈奏手風琴或是跳舞之後，再集中精神來占卜。依據推測，這是靈感占卜術的一種。

•衛生紙占卜術

將衛生紙弄散，並且將衛生紙撒在房間裡。占卜者坐在這衛生紙堆裡，冥想一陣子之後再進行占卜。這是靈感占卜術的一種。

•麻將占卜術

充分的洗牌之後，按照一定的模式把麻將牌堆積起來。依靠堆積起來的牌來占卜此人的運勢。

•乾魷魚占卜術

使用炭爐和蜂窩煤來烤乾魷魚，依靠魷魚烤焦的情況和向後彎曲等的情況來占卜。使用瓦斯爐無法做正確的占卜。這可能是和龜卜等原始性的「神之告示」占卜術有相通的地方。

血型占卜術‧血型判斷

人體之內流著各種各樣的體液，血液的存在比其他的體液更重要。從古代以來，認為血液與個人性質之間有關係的人不少。

但是，到了近代、發現血液有幾種種類之前，血液與性質之間的關係還無法體系化地建立起來。

血型占卜術特別受日本人喜愛。

可是令人驚訝的是，這種方法在昭和時代就完成了體系化的工作。因此，這是現代的日本人最喜歡的占卜術之一。

調查先天的特性

依靠血型物質之種類而區分個人肉體之資質的方法有好幾種，其中最普遍化的稱爲「ＡＢＯ」式的方法。

這種血型占卜術是依靠ＡＢＯ式分爲Ａ型、Ｂ型、Ｏ型、ＡＢ型等四種的肉體資質，和個人精神的氣質與人性等結合起來的判斷方法。

血型是終生都不會改變的。同時，很明顯地可以知道血型是個人遺傳性地從父母繼承下來的。所以，這是想要調查本人先天特性的簡便方法。

研究者們收集了很多人的資料來反覆分析和觀察，結果發現血型和個人的性格以及行動模式等之間有密切關係。

可是，血型終生不變的事實也會造成負面的問題。因爲只依靠終生不變的資料進行占卜，所以相反地，竟完全沒有考慮個人氣質等後天性的要因。

爲了要正確掌握占卜人的性質，必須要斟酌因後天性的要因所形成的性格與血型結合起來判斷才行。

很遺憾的是，在現今血型與後天性的要因結合起來的理論尚未得到確定。

我們只能把血型占卜術解釋成，爲了判斷個人先天性的特質之統計的占卜術。

一般而言，占卜或心理學的專家很少只依靠血型來下結論，而是採納血型占卜來作爲觀察人的輔助手段。

其實不管在統計上是多麼正確的資料，可是個人的性質是因人而異的。並不僅是血型占卜術如此而已，太隨便地將個人的性格加以判斷是不行的。太主觀和太輕易地判斷性格與氣質對被占卜的人來說，不但不負責任而且也太無禮。

起源和歷史

古代～發現血型

從古時候起，人們對於體液和血液都擁有深度的關心。

在全世界民族之創世傳説中，便可以證實血液之重要性。從飲用動物血，或是將牲品之血供奉給神的風俗習慣，便可以知道人對於血深深的關心。

同時從語言學的觀點來看，可以證明「血」這個單字和人之精神世界有多麼密切的關係。可能是藉由這個事實，才產生體液與人類的氣質之間有密切關連的想法。

古代希臘的醫學家西波克拉底對於體液產生很大的關心而進行研究，看看他的著作便可以了解希波克拉底對於體液，特别是血液，與個人的氣質進行考察，而構築出相當程度的理論。只不過在當時還没有辦法用科學方法將血型分别出來，所以其研究無法再繼續進展。

有關於血液的分類是在一九〇一年才被發現。由奧地利病理學家藍特史坦在維也納大學用ＡＢＯ式來進行血型分類。

不久之後，心理學研究者們開始注意新發現的血型。他們就想，是否可以用血型來判斷人類的性質與心理。當時是現代心理學剛剛被認定爲一門學問的時期，所以研究的對象也擴大到各種領域。

可是結果是，血型和現代心理學幾乎無法結合。

從十九世紀末到二十世紀的時期，有假冒心理學者與假冒醫學家的人對人們進行可疑的心理療法而要求高額度的報酬，此類的欺騙行爲十分橫行。所以對於心理學本身，社會上抱持著十分嚴苛的眼光，也就不被允許和權威的醫學界結合在一起。

被惡用的血型

發現了血型之後不久，第一次世界大戰爆發。

但是血型本身廣泛地爲人所知，可以說是這次戰爭帶來的。因爲到戰場去的士兵們爲了在受傷的時候能夠迅速地輸血，所以接受血型檢查。

同時，一部份的學者們計畫用血型來分類士兵的性質。

法國陸軍的軍醫調查士兵們在戰場上的行動和他們的血型，最後所得到的結論是最勇敢的士兵爲O型血型的人。

得到這結果的軍方，曾經想過要檢討只招集O型血型的人來編成戰鬥部隊的案件，可是隨著戰爭的激烈化而打消了這個念頭。

其實日本的軍隊也在昭和初期曾經計畫過編組同樣的軍隊，但是也隨著世界局勢的變化而含含糊糊地過去了。

隨著時間的流逝，到了一九三〇年代納粹掌握了德國的政權之後，站在優生醫學的觀點而進行正當化納粹政策的嘗試(＊1)。

其中一環有特別規定研究擁有劣等民族遺傳因子的血型，或者是相反地調查血型與人類行動模式的關係而選擇出優秀血型的研究。同時，戰爭一開始爲了要研究特別規定之「順從命令的血型」與「能忍受過度疲憊勞動的血型」，開始使用集中營的俘虜或是猶太人、政治犯等來進行研究。

大躍進的血型研究

第一次世界大戰後，有關血型與氣質的關係幾乎沒有繼續研究而被遺忘掉。

但是在一九六〇年，又是醫師又是心理學家的雷恩・布爾德，發表了『血型與氣質』關於血型類別性格分析的書。他與心理學者J・朱尼塔，共同以兩千五百人的血型來進行調查及性格測驗。

這本書變成話題，後來由心理學家戈克藍把這個研究更往前推進一步。除了血型以外，戈克藍也將占星術與手相、人相等與心理學一同分析試驗。

在戈克藍之後，採納血型測驗與性格測驗及心理分析而共同研究的學者也越來越多。

喜好血型的日本人

以國際上看來，不知為了什麼原因，日本人特別喜歡血型占卜術。

雖然開始進行血型占卜術的是歐美人，可是到現在，除了日本這個國家之外幾乎沒有其他國家在進行血型占卜。

事實上，多半的外國人不會真正地去執著於自己的血型，而且不知道自己血型的人也很多。

在如此的情況下，海外的血型研究幾乎都沒有進展。可是，相反地站在外國人的眼光來看，對於日本人如此執著於自己的血型可能也感到不可思議。

在人權意識高的國家之人民，血型好像是屬於比較微妙的話題。對於初次見面的外國人，要避免去詢問他們的血型。

■■■

（＊１）**正當化的嘗試：**納粹德國宣傳德國人，也就是日耳曼民族，是世界上最優秀的民族。爲了嘗試用科學化的方法來證明，在於占卜術的領域裡，除了血型之外，也以人相學來進行證明。

O型和B型的人適合當科幻小說作家嗎？

血型占卜真正算得準嗎？占卜術的書提出如此的疑問真是令人感到奇怪。可是，在這裡我們要介紹表示血型占卜術之有根據性、不可思議又很有趣的事實。

據說，科幻小說家血型是O型和B型的人相當多。

依據血型人類學研究家能見俊賢（能見正比古的兒子）之研究，研究對象的偵探小說作家中約有四〇%是O型的人，約有三五%是B型的人。

同時，佔了日本人四〇%的A型人，只在偵探小說作家中佔五%而已。以統計學來看，這可是相當大的落差。

但是同樣是作家，在推理小說的領域裡，這個比例就不同了。

A型的推理小說作家佔全部的四〇%，而B型的推理小說作家只佔一〇%而已。至於O型的作家在這領域裡佔了半數左右。因此，整體說來O型的人似乎適合當作家。

同樣地，由能見先生的研究可知，不管是什麼領域的書，暢銷書的作家中，O型的人佔比較多。

日本的血型占卜術熱潮

在日本，於一九六〇年代末期有相當大的變化。在這時期，以新宿爲中心的夜市等，流行著以血型作爲酒宴上助興話題之遊戲。現在，有關血型的問題或者性格之關係，可能會成爲朋友之間的話題。當時之遊戲也是屬於這一類。

比方以某個人作爲例子，而說「A型的人比較中規中矩，可是也比較没有彈性，那麼某某先生是屬於這一型的囉！」之類無惡意的話，或者作爲誘引異性之時的動機。

血型判斷熱潮在當時的日本國内相當盛行。如果只是如此，一時流行的東西很容易被人所遺忘，但是有關血型的書出版之後，這情形就改變了。

在一九七七年，作家能見正比古發表了『血型本質』一書。過去在酒舖是閒談話題的血型，一口氣地引人注目了。

在能見先生的著作之中，他依據很多資料來證明人們的性質與行動模式與血型的關係。同時，以統計的方式將各血型集團的特色明確化。

自此之後，血型占卜的研究變得相當盛行，在電視節目中也常常被提出來。在雜誌的報導中，也是大家熟悉的話題。在當初，血型占卜術只是爲了要判斷個人的性格。

但是，最近依靠血型來判斷與他人之相合性，或是與其他的占卜術及心理測驗結合起來，不但提高了其本身的信賴性與文化性，而且逐漸變化成用途很明確的性格診斷法。

血型別的特徵

接著，我們來看看各血型的特徵。在前面的解說裡也有敘述過，血型的判斷只不過是表示先天上的傾向而已。實際上，這還和各種要素有關，在此做簡單的介紹。

＊A型氣質的主要特徵

・一切事情都有明確的目的和意識。
・很會顧慮前後、討厭人際關係。
・容易抑制自己的感情，但是若被他人察覺出來就會很舒暢。
・不管好壞都很注重常識，而且是中規中矩的人。
・對事情是非分明，討厭曖昧不清。
・做事努力，同時也有堅忍的一面。
・喜歡重視程序和階段來推行事務。
・做事十分慎重。
・多半是完美主義者，所以被人視爲勞碌命。
・如果壓抑太多也不擅長發洩。

＊B型氣質的主要特徵

・做任何事情都維持自己的速度。
・討厭束縛，因此常被看成任性的人。
・想法很有彈性，對於新奇的事理解力强。
・不容易受到周圍環境的影響。
・開放性、容易接近。
・很有人情味，也有心軟的部份。
・對於各種事情產生興趣。
・樂天派、注重未來志向、對於事物多抱持肯定的態度。
・不擅長於辨認事物之黑白。
・喜歡和同伴一起做事情。

＊ＡＢ型氣質的主要特徵

・擁有强烈的合理化和坦率的想法。
・喜歡沈迷於幻想，有童話情節的興趣。
・多半能清楚地劃分安定的部份和不安定的部份。
・被委託的事情無法加以拒絕。
・非常重視人際關係之距離。

・很少會有熱衷的事情。
・擅長於分析能力，擁有强烈的批判精神。
・大多是熱心參加社會活動的人。
・有非常討厭僞善事物的一面。
・多半的人都是不擅長於熬夜。

O型氣質的主要特徵

・看起來活力充足，對於自己的慾望十分率直表達。
・如果没有明確的目的，就完全無法發揮力量。
・看起來是很羅曼蒂克的人，事實上是徹底的現實主義者。
・乍看之下想法很複雜，事實上想法很單純。
・重視骨肉感情，大多是首領性格的人。
・大多是怕生的人，對於朋友以外的人不加以信任。
・重視人際關係，不願意辜負他人的信賴。
・自我主張强烈，喜歡具有個性的事情。
・對於喜歡的事情有著迷的傾向。
・重視强弱關係與上下關係，對於没有勝算的事就不會去挑戰。

紅茶、咖啡占卜術／Q
煎雞蛋占卜術

在喝茶的時候，你有沒有聽說過「茶葉的莖立起來了，必然會發生好事」這句話？這就是在日本利用茶來講究吉利或不吉利的方法。

在歐洲，並不常喝綠茶，而是愛好紅茶，可是紅茶也有各式各樣的軼聞。但是它並不是講究吉利或不吉利而正式發展成占卜術。

「紅茶占卜術」可以說是能够輕鬆一會兒的喝茶時間良伴，而成為歐洲人喜歡的占卜術。

使用殘渣占卜未來

在西方的家庭，自古以來紅茶占卜術就是即席性的占卜。其方法極爲簡單，是利用喝完紅茶之後的殘渣形態來占卜未來。

茶杯底的殘渣形態每一次都不相同，這是利用偶然性來做簡便的占卜。

同樣地，咖啡的殘渣也可以進行占卜。

從土占卜術發展成紅茶占卜術

紅茶占卜之根被認爲是利用土、砂、小石頭、貝殼等大自然的東西來占卜的土占卜術。像這種藉由撒東西來預測未來的占卜術，從原始時代就可以在世界各地發現其影跡。能證實這種事實的物品是出土的古代遺跡，而且在文獻中也出現過。

土占卜術是依據所撒的東西形態來占卜吉凶的方法，占卜技法和概略與紅茶占卜十分相似。紅茶占卜並不是撒殘渣的方法，但是顯然地是從這原始的方法衍生出來的。

咖啡占卜術

「咖啡占卜術」是意味著用咖啡來占卜的方法。咖啡占卜術是紅茶占卜術的次流行。這兩種都是會產生殘渣的飲料，在歐洲很盛行，可是占卜的方法沒有什麼變化。

咖啡占卜術在十七世紀的歐洲受到人們歡迎。在義大利的佛羅倫斯地區，出現了咖啡占卜術的權威，湯瑪斯·坦波奈利。紅茶和咖啡占卜術除了使用殘渣來占卜之外，也有將茶杯倒過來，觀察液體流動的狀況，或者使用湯匙舀起來的液體倒在餐巾裡來占卜。

至於，咖啡是從阿拉伯圈所引進的產物，阿拉伯系的人也都有用咖啡來占卜的樣子。其實，現在的土耳其人仍然喜歡用咖啡占卜。

使用於紅茶占卜的茶渣形狀，就是偶然的產物。

不過，從這形狀來判斷意義的行爲，是將偶然掌握爲必然的想法。「處理偶然性」之想法被認爲是以土占卜術爲起源的，也具有一切占卜術之共同特徵。占卜所出現的形狀是與現實的事物和認知的象徵相對應的。這是認爲依據此形狀就可以預測未來的想法。

紅茶占卜術的方法

由於紅茶占卜術的手法是屬於原始性的，所以能夠占卜各式各樣的事情。可是，紅茶給予人圍繞著談笑、渡過心平氣和時間等的溫馨形象。因此，自古以來就成爲戀愛用的小道具。在這裡，讓我們來看看如何用紅茶占卜術占卜戀愛運。

在這個程序當中，有包含幻想性的咒術，可能是在長久的歷史之中被追加的。

①泡茶

將紅茶放入茶壺裡，先念咒語「阿卡・波拉庫西特」，然後再倒入熱開水。能夠的話，還是使用古氏的茶葉比較好。因爲需要殘渣，所以不使用過濾器。

若是用咖啡來占卜，就採用滴落式或劉田式的方法，在於磨碎的咖啡豆裡加上熱開水，同時也要念咒語。

②**攪拌茶**

紅茶倒入茶杯裡，用湯匙一邊攪拌一邊念咒語「菲克沙特魯」。

若是用咖啡來占卜，等咖啡落於托盤，就用湯匙一邊攪拌咖啡殘渣，一邊念同樣的咒語。

③**觀察殘渣**

喝完了紅茶，就念著「將來我的戀愛不知如何？」然後把茶杯翻倒在茶碟上。

若是用咖啡來占卜，在茶碟倒上殘渣。然後再從殘渣的形狀來判斷。

殘渣的形態

・四角形

戀愛運最低潮，到處都碰壁。所以不要再注意著戀愛，而把注意力轉移到其他的事情。因爲要做新的事情才會有好的運勢。如果能擴大嗜好也不錯。

・三角形

只要不弄錯時機，戀愛運都很好。

調查對方的興趣也好，但是要避免自己熱情過度。這也意味著平衡感最重要。

・圓形

戀愛運普普通通。可以試著委託朋友等傳達自己的愛慕之心給對方比較好。金錢運很好，可以享受享受快樂的約會。

・菱形

整體上來說，運勢很好，會有不錯的成就。

可是也是要告一段落的時期。所以想跟情人分手的話，趁著這時期趕快向他表示吧。或者，對於單戀的人也是告白的時期。即使失戀了也能夠有新的邂逅。

・心形

十分幸運的時期來臨了！各方面都可以得到令人滿足的結果。戀愛運方面會得到你意想不到的人之求愛。而且，你向對方的告白也會被接受。

・形態不明

運勢含有波折的傾向，有碰到石頭跌倒了卻發現有人掉了錢的運氣。對一切事情都要穩穩重重的行動，一切順其自然即可。

煎雞蛋占卜術

煎雞蛋占卜術和紅茶占卜術是類似的占卜法。皆爲歐洲發明的即席性占卜術。不限於紅茶或是煎雞蛋，想不到與食物結合的占卜術也很多。舉例來說，在日本從古來就有稀飯占卜術或是豆占卜術等占卜方法。

稀飯占卜術是將煮好的稀飯裡插入竹筒，依據竹筒裡稀飯進入的量來占卜農作物之收穫情形或是氣候狀況。

豆占卜術是在於立春之後的元宵節等特定的日子來進行。在火爐裡炒豆子，依據豆子炒焦的程度來占卜一年内氣候的方法。

像這種古色古香的即席性占卜術，都涵蓋著咒術性儀式氣氛。生物沒有食物就不能生存，然而，藉著賴以生存的食物來占卜的事情，多半是與收穫與天氣相關的。

煎雞蛋占卜術的方法

接著，說明占卜今天運勢的方法。

使用平底鍋煎雞蛋，依據蛋黃在哪裡以及蛋白煎得美不美來判斷。

煎雞蛋的形態

・蛋黃在中央

有好的運勢。身體狀況也好，可以一天都很有朝氣的過著。

・蛋黃靠下方

運勢上升中。但是人際關係要多慎重。

・蛋黃靠上方

今天可能是混亂又波折的日子。身體狀況也略顯消極。蛋白有洞的時候，可能會有冒險將大失敗的危險性。

・蛋黃靠右方

是受到考驗的時期。可能會突然出現障礙。如果蛋黃煎焦的地方較多，可能要留意疾病或受傷。

・蛋黃靠左方

精神上與身體狀況都是低調，容易造成焦慮或自暴自棄。但是，明日會是美好的一天。

・蛋白變形而且有洞

做任何事情都不如意。所以不要做太多的事情，應該專心一致地去做一件事。但是，有時候會得到意想不到的人之援助，而且受到親切的款待。

咒術和護身

人們不僅依靠占卜術，也受到咒術或護身符等，給精神帶來很多安全感的約定事項。在此，我們簡單的介紹花詞或是誕生石等頗具代表性的事項。

誕生石、法力石（POWER STONE）

從古時候起，人們就相信寶石隱藏著神秘的力量。

從世界各地出土的遺跡，很多裝著寶石的裝身具可以知道，國土與神官們爲了提高自己的法力而裝入了很多的寶石。

這樣的想法和占星術之占卜方法互相結合，而產生了裝在身上會保護其本人一生的特定寶石。這就是所謂的護身寶石或是法力石。

誕生石

就是最爲人所知的護身寶石。

誕生石是由每個月來決定的，人們認爲如果戴有出生月份的誕生石，這一生就會過得很幸福。

依據一種說法，誕生石的起源是裝在猶太教大祭司的護身布上的十二顆寶石。可是，實際上可能是在十八世紀的歐洲，猶太人之間受到占星術的影響才開始的風俗習慣。

最初是決定每一個月的護身寶石之後，每一個月都按照順序裝上當月的寶石，但是不久之後，就把出生之月的護身寶石當作終生的守護寶石，因此才演變爲誕生石。

由於地區不同，所以決定的誕生石也各不相同，可是在一九一二年美國的寶石商公會所決定的誕生石，成爲全世界通用的誕生石。

在此，介紹美國式的誕生石。

黃道十二宮護身寶石（星座誕生石）

在占星術認爲大宇宙和一切的小宇宙有密切的關係。

由於如此，占星術考慮與黃道十二宮的星座互相對應的寶石。而且如果能夠擁有與出生星座相對應的寶石，相信這一生會受到此星座强而有力的守護。

這就是星座誕生石的意義。一般所說的星座誕生石敘述如下：

誕生石

1月	柘榴石
2月	紫水晶
3月	水藍石、血石
4月	鑽石
5月	綠寶石
6月	珍珠、月長石
7月	紅寶石
8月	條紋瑪瑙、紅條紋瑪瑙
9月	藍寶石
10月	蛋白石
11月	黃玉
12月	土耳其石、天青石

星座誕生石

牡羊座	鑽石
金牛座	藍寶石
雙子座	瑪瑙
巨蟹座	珍珠
獅子座	紅寶石
處女座	紅條紋瑪瑙
天秤座	藍寶石
天蠍座	蛋白石
射手座	黃玉
魔羯座	土耳其石
水瓶座	紫水晶
雙魚座	月長石

卡帕拉護身寶石

1	紅寶石、柘榴石
2	月長石
3	黃玉
4	綠寶石、翡翠
5	土耳其石、水藍石
6	珍珠、藍寶石、天青石
7	紫水晶、金綠石
8	鑽石、紅水晶
9	蛋白石
11	水晶、月長石
22	珊瑚、綠寶石、翡翠

卡帕拉護身寶石

卡帕拉數秘術所使用的誕生數（請參照第八十三頁的「卡帕拉數秘術」）也存在著對應其數目的護身寶石。這些護身寶石能加强誕生數的波動，或者是彌補波動較弱的部份。

有關於對應的寶石有許多種說法，一般所規定的說明如下：

法力石（Powerstone）

因爲認爲如果身上帶有某種寶石會帶來幸運，所以稱爲法力石。其效果的種類因寶石不同而異。在這裡，對主要的寶石效果作簡單的解說。

·柘榴石（Garnet）

可以加深友情。尤其被稱爲carbumcle之切磨爲圓山形的紅榴石會帶來靈感。

·**紫水晶**（Amethyst）

古代是被使用來防止葡萄酒之惡醉的護身寶石。如果能帶這寶石在身上，就能得到穩重和聰明。

·**水藍石**（Aguarmarine）

有保護身體的效果。

·**血石**（Blood Stone）

以前是在受傷時用來當止血用的咒術。以後轉變成爲戰爭和勝利之護身寶石。

·**鑽石**（Diamond）

在佛教稱爲「金剛石」，被認爲是象徵著不壞的物品。在戰爭的時候會有保護的力量，也能保護自己的身體免於惡靈的咒術。

·**綠寶石**（Emerald）

這是會帶來財富和聲譽的護身寶石。而且也是保護貞淑的寶石，如果有不貞的行爲，綠寶石就會立刻破掉。同時擁有此寶石也帶來口才的效能。

·**珍珠**（Pearl）

因爲此寶石的色彩，所以被認爲是純潔的守護寶石。而且能帶來克服困難的力量。在歐洲相信吃珍珠對身體有好的效果，其實只是擁有攝取鈣質的效果而已。

・月長石（Moon Stone）

可以促進和周圍的人際關係，以及加强意志的效果。

・紅寶石（Ruby）

在印度，這是被認爲可以帶來財富、健康與智慧的寶石。中世紀的歐洲用來防範落雷與霍亂。同時，鮮紅色的紅寶石可以帶來熱情和力量，而且可以帶來愛情與幸福。當顏色有變化時，被認爲是有壞事要發生的前兆。

・瑪瑙（Agate）

會帶來力量，又有提高意願的效果。

・條紋瑪瑙（Onix）

帶來平穩和知性。

・紅條紋瑪瑙（Sardonyx）

會促進和周圍的人際關係。尤其可以加强夫妻之間的愛情關係。

・藍寶石（Sapphire）

這是被認爲凝縮天空色彩的寶石，在基督教的聖職者之間都是使用在戒指上。擁有使精神與肉體健康的效果。

・蛋白石（Opal）

能獲得克服困難而達到成功的力量。但是，除了護身寶石是蛋白石的人（例如十月出生的人、星座是天蠍座的人、誕生數是九的人）以外，沒有辦法得到這力量。

·黃玉（Topaz）

可以加深友情與帶來財運。

·土耳其石（Turquoise）

可以避免遭到不幸而帶來成功的力量。

·天青石（Lapisiasuli）

煉金術師巴拉凱斯認爲天青石在法力石之中是屬於最高位的。佛教稱琉璃是七寶之一。同時，超能力者葉特卡·凱希認爲天青石對於靈能力之開發有幫助。而且對於持有者能帶來幸運。即使是在持有者遭遇不幸的時候，也能吸收不幸的能量來保護主人。天青石突然變色，原因就是如此。

·金綠石（Alexandrite）

想要達成任何目的時可以得到力量。

·翡翠（Jade）

在東方是特別受到喜愛的寶石，據說可以爲持有者帶來活力與幸福。在歐洲認爲翡翠有分辨毒物的能力，在中國用翡翠製成的青瓷器價錢十分的昂貴。

・珊瑚（Coral）

在佛教是七寶之一。可以事先防止友誼的損害。

・水晶（Crystal）

這是在全世界各國都使用於儀式或占卜的寶石。可以守護健康、調整周圍能量、使運勢維持在良好狀態。由於顏色不同而效果有些差距，白色會提高意願、藍色會使心情穩定、綠色可以產生力量、粉紅色會產生慈祥之心。

・貓眼石（Cat's－eye）

會加强賭博的運氣。

・虎眼石（Tiger－eye）

可以帶來勇氣。

十二支護身佛

十二支有其護身佛，信仰這護身佛就可以有個幸福的人生。

夜叉神十二神將是醫治衆人之病的藥師如來之眷屬。十二神將爲了要達成藥師如來的十二大願而工作，而且信仰藥師如來的人們可以受到祂晝夜不分的保護。到了後來，把十二神將分別使用於十二支，而產生了保護在十二支出生者之信仰。

但是十二神將之信仰沒有很普及化。所以把從古來就深受信仰有名的如來與菩薩使用於十二支，視爲十二支的守護神。

這十二支的守護神是敘述於民間的雜書裡，並不是從正統佛教產生出來的思想。不過，現在各地的寺院裡都有奉祀十二支的守護神，而且受到信徒們的膜拜。

千手觀音菩薩

是子年出生的守護神。真言爲「ON BAZARA DARAMA KIRIKU」。觀音的變化身又被稱爲「蓮華王」。擁有無數的手，據説是用這些手來解救世間人們的疾苦。

以千手觀音爲守護神的人要念真言，並且在能力範圍之內幫助人們，其願望就能實現。

虛空藏菩薩

是丑年和寅年出生的守護神。真言爲「ON ARIKIYA MARI　BORI　SOWAKA」。右手拿著劍、左手拿著寶珠，給予人們智慧與財寶。

以虛空藏菩薩爲守護神的人要念真言及磨練靈感，努力於維持德行就能獲得幸福。

文殊菩薩

是卯年出生守護神。真言爲「ON ARAHASIANAW 」。是釋迦如來的隨身侍者並且騎在獅子上。諺語説「三人在一起有文殊的智慧」就是表示祂是智慧之菩薩。

以文殊菩薩爲守護神的人們要念真言，但是在行動之前要仔細思考，就可以獲得幸福的人生。

普賢菩薩

是辰年和巳年出生的守護神。真言爲「ON SANMAYA SATOBAN 」。是釋迦如來之脇侍，騎著六牙的白象。據説會保護信仰法華經的人，同時也能化身爲普賢延命菩薩，給予信仰者帶來長壽。

以普賢菩薩爲守護神的人們要念真言，努力增加行動力就能獲得幸福的人生。

勢至菩薩

是午年出生的守護神。真言爲「ON SANZANZANSAKU SOWAKA 」。和觀音菩薩一起擔任阿彌陀如來的脇侍。能放出智慧之光而震動魔王的宮殿。

以勢至菩薩爲守護神的人們要念真言，以强烈的意志來面對事情，就可以獲得成功的人生。

大日如來

是未年和申年出生的守護神。真言爲「ON BAZARA DATOBAN」。是密宗的主尊，是將大宇宙合格化的如來。在密宗裡認爲一切的諸尊是如來變身而成的。

以大日如來爲守護神的人們要念真言，以寬廣的視野來思考，而且學會博愛的精神，就可以過快樂的一生。

不動明王

是酉年出生的守護神。真言爲「NOUMAKU SAMANDA BAZARA DA－NKAN」。右手拿著劍、左手拿著繩子，用憤怒的火燄來燃燒煩惱。相信會爲信仰者避免一切災難。

以不動明王爲守護神的人們要念真言，過著積極有活力的生活就可以獲得好運。

阿彌陀如來

是戌年和亥年出生的守護神。真言爲「ON AMIRITA TEIZEI KARAUN」。

是西方極樂淨土之主。據說信仰阿彌陀如來的人可以往生極樂。

以阿彌陀如來爲守護神的人們要念真言，努力對其他人有慈悲心，就可以獲得安樂的人生。

花語、花詩

可能各位都有經歷過，在野外看到盛開的花草而心裡十分感動。想將這種感動與大家達成共鳴或是傳達下去……花語就是從這情感與思緒發展出來的。

花語

自古以來，在世界上就有將各式各樣的花草之顏色、香味、形狀、性質等做成象徵和標章，使其具有特別的意義。

在神話或者傳承故事中，有關花的記錄很多，花可以表現並反應著自己的感情和意志。

特別是在希臘的神話中，有關花的故事特別多。美少年那喀索斯拋棄了愛慕自己的山林女神（Echo）而傷害了祂的心。因此惹涅墨西斯女神生氣，而把美少年那喀索斯變成水仙花。這個故事十分有名。

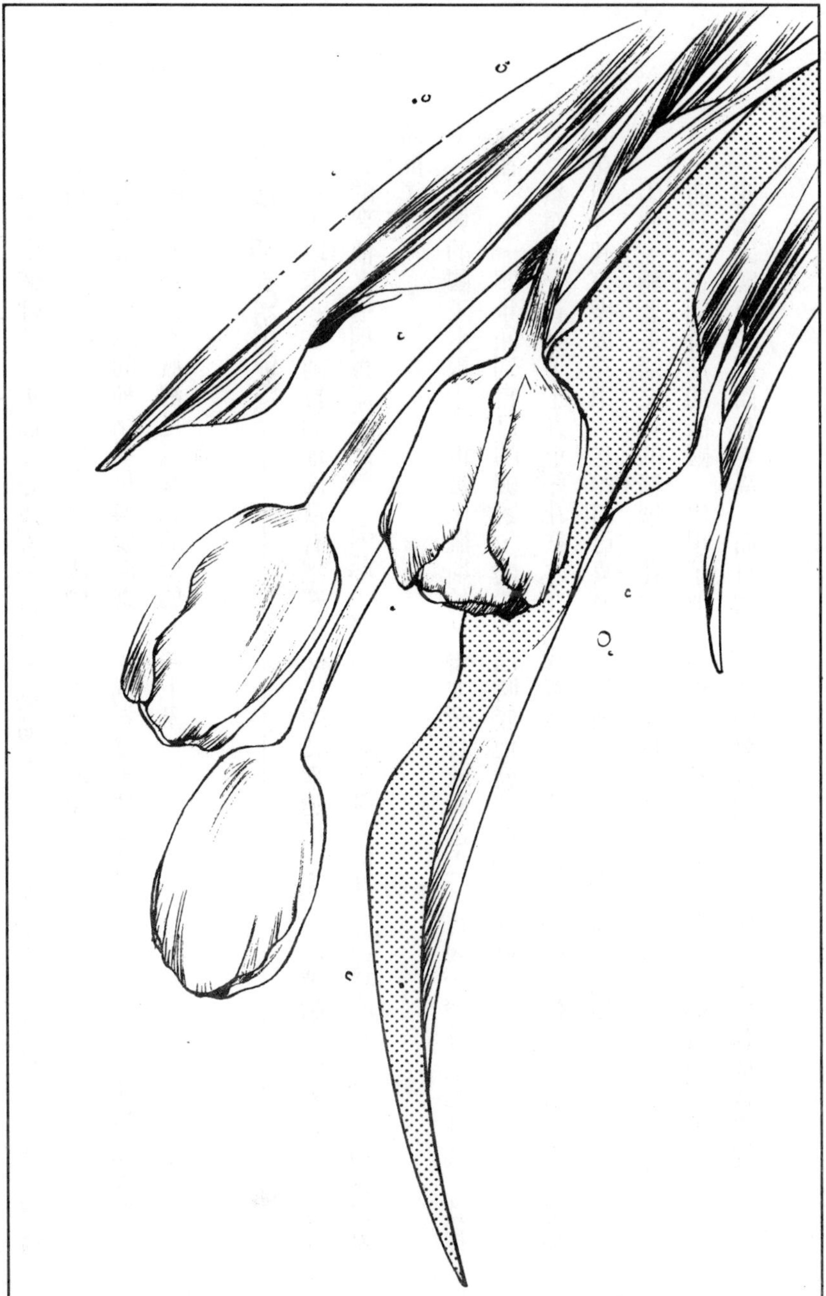

由於這個神話，水仙花變成有「自戀（英國）」、「自我主義（英國）」、「愚蠢（法國）」、「你只愛上你自己（法國）」等花語的花。

由希臘、羅馬的神話或是傳說而來的，或者是根據基督教之宗教特徵、典故而來的花語，歐洲的國家大概都是以共同的型態傳襲下來。

SELAM和NOSEGAY

自古以來，在阿拉伯地區就有把感情託付給花來贈送他人，而被贈送的人也是用花來回答的習慣。這稱爲SELAM，因此，將自己的感情寄託給花兒傳達給別人的風俗就這麼傳開了。

瑞典的國王卡爾十二世被俄羅斯的彼得大帝打敗而逃亡，曾經一時逃至土耳其。其後他在一七一四年回到自己的國家，聽說在這時候他就把花語引進歐洲。

然而，一直到了十九世紀花語才在英國普及化。維多利亞王朝時代流行著將多種種類的花組合起來做成花束，送給自己喜歡的人以傳達情意，這稱爲NOSEGAY。

因此，隨著英國文化的擴展，花語的風俗習慣也普及至全世界。

而且，在同時期的法國，出現了取代信件而送花，並且寫著花語的有趣習慣。

花語因國家不同而有差異，而且隨著時代的變遷而變化。所以產生各種各樣的異說。

至於花語傳入日本的時間大約是在明治時代初期。現在所流傳的花語，是當時傳入的英國系花語。

日本的花語

在日本也有加添花或樹的小枝來贈送禮物的風俗。將自己的心意寄託給花兒傳達給對方，或者將戀愛的心引用於花色等所謂的花語。

去狩獵的太田道灌遇到下雨，想在民家借用雨具的時候，這家的少女在一枝棣棠上添加了一首詩給他，以傳達沒有蓑衣的故事是很著名的。

自古傳襲於日本的花語，因爲風俗、習慣、自然風土的不同，所以和從西洋引進來的花語有很大的差距。

舉例來說，在日本松樹是因爲樹齡很長又茁壯，所以擁有「長壽」的意思，和竹、梅並列，是在慶典上不可或缺的植物。但是，松樹在西方卻有「憐憫」的意義。同樣地，瞿麥在日本是象徵著「謹慎」和「文雅」的花。可是在西方意義卻完全相反，而有「大膽」的意味。

連顏色也是如此，在日本紫色有高貴的意味，可是在西方卻是意味著悲傷，其中差距相當大。像這一樣各國的花語差距相當大，因此在使用花語的時候，要顧慮到接受者國家

■誕生月的誕生花

1月	康乃馨
2月	櫻花
3月	喇叭水仙
4月	雛菊
5月	鈴蘭
6月	玫瑰
7月	睡蓮
8月	劍蘭
9月	翠菊
10月	大理花
11月	菊花
12月	枸骨

■星座的誕生花

牡羊座	薊、天竺葵、鬱金香
金牛座	玫瑰、紫羅蘭、蘭花
雙子座	鈴蘭、薰衣草
巨蟹座	水蓮、爵床
獅子座	向日葵、小金盞花
處女座	穿心排草、龍膽
天秤座	玫瑰、葡萄
天蠍座	杜鵑花、石楠花、菊花
射手座	蒲金英、康乃馨、百合
魔羯座	三色菫、常春藤、薊
水瓶座	蘭花、水仙
雙魚座	銀蓮花、睡蓮

的風俗與習慣，必須慎重一點才行。

不管所贈送的是如何幽默性的花語，若没有顧慮到對方，就無法傳遞心意。

■誕生花

將特定的花草使用於誕生的月份或星座也被創造出來。聽說將這種誕生花裝飾在家裡，就可以招來幸福。

其他也有對應著一年三百六十五天的花草例子，誕生花好像没有那麼根深蒂固地落實下來。在這裡我們來介紹誕生月和星座的誕生花。

各種各樣的花語

在這裡要介紹的是，一般在日本所使用的英國系花語。如果是玫瑰和康乃馨，顏色種類不同的話，意義就不同。

紅玫瑰——愛情、美	石楠花——威嚴
白玫瑰——尊敬、我是與你天生一對	蒲公英——故作姿態、神托
黃玫瑰——嫉妒	百合——純潔
康乃馨——相信你的愛慕之心	三色堇——思慮
紅色康乃馨——愛情	常春藤——誠實
白色康乃馨——感謝、貞潔	蘭——熱烈
鬱金香——博愛	銀蓮花——越來越薄弱的希望、被拋棄
橄欖——和平	鳶尾——吉報
月桂樹——勝利、光榮	八仙花——見異思遷、你是冷漠的
櫻草花——苦澀的青春	孤挺花——愛說話
喇叭水仙——尊敬、一廂情願	薄雪草——寶貴的記憶
雛菊——天真	歐石南——孤獨
鈴蘭——純潔、幸福再來	弓連翹——懷恨、迷信
睡蓮——清純的心、信仰	滿天星——清淨的心
劍蘭——留神、密會	桔梗——不變的愛
翠菊——相信戀愛	梔子——非常高興
大理花——不安定、見異思遷	仙客來——內向
菊花——高貴、清淨	芍藥——害羞
枸骨——先見、留神、幸福	香豌豆——出發
薊——獨立、嚴格	雪花蓮——安慰、希望
爵床——精巧	附子——敵意
紫羅蘭——謙遜	瞿麥——大膽
薰衣草——疑惑	風信子——競技
向日葵——愛慕、假冒有錢	九重葛——熱情
小金盞花——離別的悲傷	香雪蘭——潔白
纈草——親切	延命菊——戀愛占卜
龍膽——我喜歡悲傷時的你	萬壽菊——嫉妒
葡萄——酒醉和狂氣	曼陀羅花—恐怖
杜鵑——節制	紫丁香——初戀

後記——(本書作者群)

*松代守弘

我這次所負責的是「血型」和「演技」等不同風格的占卜術，雖然在乍看之下，這些好像是屬於「特異的性質」之占卜術，但是也能夠發現和其他占卜術不同的樂趣。因此，請大家也好好地利用這樣有「樂趣」的占卜術，使生活充滿樂趣。

*米谷　信胡

我想所謂的占卜術就是如心理學的臨床例子一般，我覺得它並沒有被排除為神祕論而延續地被研究下來，而且又存在著心理學的要素。「射將先射馬」……我想要分析我喜歡的男朋友性格，才開始研究西洋占星術。其實，與其說對分析性格感覺有趣，寧可說是對於西洋占星術的羅曼蒂克和傳統性感到有興趣。

那位男朋友的性格和我的脾氣並沒有很合得來，所以對於西洋占星術之神秘性更感到有魅力，至今已經有十年了。現在，我當作家第一次所寫的文章就要出版為書了。對於從開始就一直指導我的編輯仙石先生與監修高平先生十分的感謝。很抱歉我的寫作速度很慢。

＊牧山 昌弘

為了要寫風水術的原稿所調查的資料文獻中，有這樣的一節文章。

『如果羅盤的方位磁針一直轉動而沒有指向北方的時候，可能是靈性質之原因，所以應該從那樣的場所趕快離開。風水並不是神秘學，也不要深入靈性質的問題。』

風水術師們都是站在風水技術者的立場來說話，這句話使我很感動。所以我寫的文章也是站在這樣的觀點，將太迷信的部份都儘量排除掉。請把因果關係不太清楚的，勉強找出其道理來，請把它當成疑似科學的文章來閱讀吧！

＊系井　賢一

大家都相信占卜術嗎？

我只相信對自己有利的部份而已。舉例來說，遭遇到什麼困難的時候就認為是「根據記載，這個月某某年出生的人運氣不太好。」或者「的確，我是跟ＡＢ型的人和不來，我有這樣的問題也是無法避免的。」等情況。

對於我有利的事情發生的時候，我就覺得這是依據我自己的力量得到的。因為我覺得占卜術是為了對人類有好處而存在，並不是讓人痛苦的。所以我才解釋成對我有好處而加以利用。

＊大林　憲司

像這種類的工作，我是第一次做，可是在寫作當中覺得相當有趣。（因為我的性格是學者型的嘛！）

我覺得不管是哪一種的占卜術，都是以掌握成功之啟示為目的。結果能否獲得成功，仍然必須要看自己是否擁有「德行和力量」（被人所喜歡的性格和實力）最要緊。本來，我為了本身能獲得德行和實力，相當的辛苦……

如果以後還有機會，我很想再參加執筆。

＊高平 鳴海

占卜術已經持續維持了長期性的熱潮，有一種說法認為這是現代年輕人的宗教。因為占卜術就是為了尋找個人潛能的一種手段，所以才產生這樣的意見。因為我們都擁有多層無限的潛能，因此我們才會有時候迷惑、有時候往前衝。這也就是人生有趣的原因。

可望占卜術能夠成為你人生的潤滑油……其實我越來越會說話了，可能是因為又滿一歲了！（笑聲）

……這一次也完成了一本書，在此我向協助我的各位表示由衷的感謝，就此擱筆了。

大展出版社有限公司 圖書目錄

地址：台北市北投區(石牌)
致遠一路二段 12 巷 1 號
郵撥：0166955～1
電話：(02)28236031
28236033
傳真：(02)28272069

・法律專欄連載・電腦編號 58

台大法學院 法律學系／策劃
法律服務社／編著

1. 別讓您的權利睡著了 1 200 元
2. 別讓您的權利睡著了 2 200 元

・秘傳占卜系列・電腦編號 14

1.	手相術	淺野八郎著	180 元
2.	人相術	淺野八郎著	150 元
3.	西洋占星術	淺野八郎著	180 元
4.	中國神奇占卜	淺野八郎著	150 元
5.	夢判斷	淺野八郎著	150 元
6.	前世、來世占卜	淺野八郎著	150 元
7.	法國式血型學	淺野八郎著	150 元
8.	靈感、符咒學	淺野八郎著	150 元
9.	紙牌占卜學	淺野八郎著	150 元
10.	ESP 超能力占卜	淺野八郎著	150 元
11.	猶太數的秘術	淺野八郎著	150 元
12.	新心理測驗	淺野八郎著	160 元
13.	塔羅牌預言秘法	淺野八郎著	200 元

・趣味心理講座・電腦編號 15

1.	性格測驗① 探索男與女	淺野八郎著	140 元
2.	性格測驗② 透視人心奧秘	淺野八郎著	140 元
3.	性格測驗③ 發現陌生的自己	淺野八郎著	140 元
4.	性格測驗④ 發現你的真面目	淺野八郎著	140 元
5.	性格測驗⑤ 讓你們吃驚	淺野八郎著	140 元
6.	性格測驗⑥ 洞穿心理盲點	淺野八郎著	140 元
7.	性格測驗⑦ 探索對方心理	淺野八郎著	140 元
8.	性格測驗⑧ 由吃認識自己	淺野八郎著	160 元
9.	性格測驗⑨ 戀愛知多少	淺野八郎著	160 元
10.	性格測驗⑩ 由裝扮瞭解人心	淺野八郎著	160 元

11. 性格測驗⑪ 敲開內心玄機 淺野八郎著 140 元
12. 性格測驗⑫ 透視你的未來 淺野八郎著 160 元
13. 血型與你的一生 淺野八郎著 160 元
14. 趣味推理遊戲 淺野八郎著 160 元
15. 行為語言解析 淺野八郎著 160 元

・婦 幼 天 地・電腦編號 16

1. 八萬人減肥成果 黃靜香譯 180 元
2. 三分鐘減肥體操 楊鴻儒譯 150 元
3. 窈窕淑女美髮秘訣 柯素娥譯 130 元
4. 使妳更迷人 成 玉譯 130 元
5. 女性的更年期 官舒妍編譯 160 元
6. 胎內育兒法 李玉瓊編譯 150 元
7. 早產兒袋鼠式護理 唐岱蘭譯 200 元
8. 初次懷孕與生產 婦幼天地編譯組 180 元
9. 初次育兒 12 個月 婦幼天地編譯組 180 元
10. 斷乳食與幼兒食 婦幼天地編譯組 180 元
11. 培養幼兒能力與性向 婦幼天地編譯組 180 元
12. 培養幼兒創造力的玩具與遊戲 婦幼天地編譯組 180 元
13. 幼兒的症狀與疾病 婦幼天地編譯組 180 元
14. 腿部苗條健美法 婦幼天地編譯組 180 元
15. 女性腰痛別忽視 婦幼天地編譯組 150 元
16. 舒展身心體操術 李玉瓊編譯 130 元
17. 三分鐘臉部體操 趙薇妮著 160 元
18. 生動的笑容表情術 趙薇妮著 160 元
19. 心曠神怡減肥法 川津祐介著 130 元
20. 內衣使妳更美麗 陳玄茹譯 130 元
21. 瑜伽美姿美容 黃靜香編著 180 元
22. 高雅女性裝扮學 陳珮玲譯 180 元
23. 蠶糞肌膚美顏法 坂梨秀子著 160 元
24. 認識妳的身體 李玉瓊譯 160 元
25. 產後恢復苗條體態 居理安・芙萊喬著 200 元
26. 正確護髮美容法 山崎伊久江著 180 元
27. 安琪拉美姿養生學 安琪拉蘭斯博瑞著 180 元
28. 女體性醫學剖析 增田豐著 220 元
29. 懷孕與生產剖析 岡部綾子著 180 元
30. 斷奶後的健康育兒 東城百合子著 220 元
31. 引出孩子幹勁的責罵藝術 多湖輝著 170 元
32. 培養孩子獨立的藝術 多湖輝著 170 元
33. 子宮肌瘤與卵巢囊腫 陳秀琳編著 180 元
34. 下半身減肥法 納他夏・史達賓著 180 元
35. 女性自然美容法 吳雅菁編著 180 元
36. 再也不發胖 池園悅太郎著 170 元

37. 生男生女控制術　中垣勝裕著　220 元
38. 使妳的肌膚更亮麗　楊　皓編著　170 元
39. 臉部輪廓變美　芝崎義夫著　180 元
40. 斑點、皺紋自己治療　高須克彌著　180 元
41. 面皰自己治療　伊藤雄康著　180 元
42. 隨心所欲瘦身冥想法　原久子著　180 元
43. 胎兒革命　鈴木丈織著　180 元
44. NS 磁氣平衡法塑造窈窕奇蹟　古屋和江著　180 元
45. 享瘦從腳開始　山田陽子著　180 元
46. 小改變瘦 4 公斤　宮本裕子著　180 元
47. 軟管減肥瘦身　高橋輝男著　180 元
48. 海藻精神秘美容法　劉名揚編著　180 元
49. 肌膚保養與脫毛　鈴木真理著　180 元
50. 10 天減肥 3 公斤　彤雲編輯組　180 元
51. 穿出自己的品味　西村玲子著　280 元

・青 春 天 地・電腦編號 17

1. A 血型與星座　柯素娥編譯　160 元
2. B 血型與星座　柯素娥編譯　160 元
3. O 血型與星座　柯素娥編譯　160 元
4. AB 血型與星座　柯素娥編譯　120 元
5. 青春期性教室　呂貴嵐編譯　130 元
6. 事半功倍讀書法　王毅希編譯　150 元
7. 難解數學破題　宋釗宜編譯　130 元
9. 小論文寫作秘訣　林顯茂編譯　120 元
11. 中學生野外遊戲　熊谷康編著　120 元
12. 恐怖極短篇　柯素娥編譯　130 元
13. 恐怖夜話　小毛驢編譯　130 元
14. 恐怖幽默短篇　小毛驢編譯　120 元
15. 黑色幽默短篇　小毛驢編譯　120 元
16. 靈異怪談　小毛驢編譯　130 元
17. 錯覺遊戲　小毛驢編著　130 元
18. 整人遊戲　小毛驢編著　150 元
19. 有趣的超常識　柯素娥編譯　130 元
20. 哦！原來如此　林慶旺編譯　130 元
21. 趣味競賽 100 種　劉名揚編譯　120 元
22. 數學謎題入門　宋釗宜編譯　150 元
23. 數學謎題解析　宋釗宜編譯　150 元
24. 透視男女心理　林慶旺編譯　120 元
25. 少女情懷的自白　李桂蘭編譯　120 元
26. 由兄弟姊妹看命運　李玉瓊編譯　130 元
27. 趣味的科學魔術　林慶旺編譯　150 元
28. 趣味的心理實驗室　李燕玲編譯　150 元

29. 愛與性心理測驗　小毛驢編譯　130元
30. 刑案推理解謎　小毛驢編譯　130元
31. 偵探常識推理　小毛驢編譯　130元
32. 偵探常識解謎　小毛驢編譯　130元
33. 偵探推理遊戲　小毛驢編譯　130元
34. 趣味的超魔術　廖玉山編著　150元
35. 趣味的珍奇發明　柯素娥編著　150元
36. 登山用具與技巧　陳瑞菊編著　150元
37. 性的漫談　蘇燕謀編著　180元
38. 無的漫談　蘇燕謀編著　180元
39. 黑色漫談　蘇燕謀編著　180元
40. 白色漫談　蘇燕謀編著　180元

·健康天地·電腦編號18

1. 壓力的預防與治療　柯素娥編譯　130元
2. 超科學氣的魔力　柯素娥編譯　130元
3. 尿療法治病的神奇　中尾良一著　130元
4. 鐵證如山的尿療法奇蹟　廖玉山譯　120元
5. 一日斷食健康法　葉慈容編譯　150元
6. 胃部強健法　陳炳崑譯　120元
7. 癌症早期檢查法　廖松濤譯　160元
8. 老人痴呆症防止法　柯素娥編譯　130元
9. 松葉汁健康飲料　陳麗芬編譯　130元
10. 揉肚臍健康法　永井秋夫著　150元
11. 過勞死、猝死的預防　卓秀貞編譯　130元
12. 高血壓治療與飲食　藤山順豐著　150元
13. 老人看護指南　柯素娥編譯　150元
14. 美容外科淺談　楊啟宏著　150元
15. 美容外科新境界　楊啟宏著　150元
16. 鹽是天然的醫生　西英司郎著　140元
17. 年輕十歲不是夢　梁瑞麟譯　200元
18. 茶料理治百病　桑野和民著　180元
19. 綠茶治病寶典　桑野和民著　150元
20. 杜仲茶養顏減肥法　西田博著　150元
21. 蜂膠驚人療效　瀨長良三郎著　180元
22. 蜂膠治百病　瀨長良三郎著　180元
23. 醫藥與生活(一)　鄭炳全著　180元
24. 鈣長生寶典　落合敏著　180元
25. 大蒜長生寶典　木下繁太郎著　160元
26. 居家自我健康檢查　石川恭三著　160元
27. 永恆的健康人生　李秀鈴譯　200元
28. 大豆卵磷脂長生寶典　劉雪卿譯　150元
29. 芳香療法　梁艾琳譯　160元

30. 醋長生寶典	柯素娥譯	180元
31. 從星座透視健康	席拉・吉蒂斯著	180元
32. 愉悅自在保健學	野本二士夫著	160元
33. 裸睡健康法	丸山淳士等著	160元
34. 糖尿病預防與治療	藤田順豐著	180元
35. 維他命長生寶典	菅原明子著	180元
36. 維他命C新效果	鐘文訓編	150元
37. 手、腳病理按摩	堤芳朗著	160元
38. AIDS瞭解與預防	彼得塔歇爾著	180元
39. 甲殼質殼聚糖健康法	沈永嘉譯	160元
40. 神經痛預防與治療	木下真男著	160元
41. 室內身體鍛鍊法	陳炳崑編著	160元
42. 吃出健康藥膳	劉大器編著	180元
43. 自我指壓術	蘇燕謀編著	160元
44. 紅蘿蔔汁斷食療法	李玉瓊編著	150元
45. 洗心術健康秘法	竺翠萍編譯	170元
46. 枇杷葉健康療法	柯素娥編譯	180元
47. 抗衰血癒	楊啟宏著	180元
48. 與癌搏鬥記	逸見政孝著	180元
49. 冬蟲夏草長生寶典	高橋義博著	170元
50. 痔瘡・大腸疾病先端療法	宮島伸宜著	180元
51. 膠布治癒頑固慢性病	加瀨建造著	180元
52. 芝麻神奇健康法	小林貞作著	170元
53. 香煙能防止癡呆？	高田明和著	180元
54. 穀菜食治癌療法	佐藤成志著	180元
55. 貼藥健康法	松原英多著	180元
56. 克服癌症調和道呼吸法	帶津良一著	180元
57. B型肝炎預防與治療	野村喜重郎著	180元
58. 青春永駐養生導引術	早島正雄著	180元
59. 改變呼吸法創造健康	原久子著	180元
60. 荷爾蒙平衡養生秘訣	出村博著	180元
61. 水美肌健康法	井戶勝富著	170元
62. 認識食物掌握健康	廖梅珠編著	170元
63. 痛風劇痛消除法	鈴木吉彥著	180元
64. 酸莖菌驚人療效	上田明彥著	180元
65. 大豆卵磷脂治現代病	神津健一著	200元
66. 時辰療法—危險時刻凌晨4時	呂建強等著	180元
67. 自然治癒力提升法	帶津良一著	180元
68. 巧妙的氣保健法	藤平墨子著	180元
69. 治癒C型肝炎	熊田博光著	180元
70. 肝臟病預防與治療	劉名揚編著	180元
71. 腰痛平衡療法	荒井政信著	180元
72. 根治多汗症、狐臭	稻葉益巳著	220元
73. 40歲以後的骨質疏鬆症	沈永嘉譯	180元

74. 認識中藥	松下一成著	180元
75. 認識氣的科學	佐佐木茂美著	180元
76. 我戰勝了癌症	安田伸著	180元
77. 斑點是身心的危險信號	中野進著	180元
78. 艾波拉病毒大震撼	玉川重德著	180元
79. 重新還我黑髮	桑名隆一郎著	180元
80. 身體節律與健康	林博史著	180元
81. 生薑治萬病	石原結實著	180元
82. 靈芝治百病	陳瑞東著	180元
83. 木炭驚人的威力	大槻彰著	200元
84. 認識活性氧	井土貴司著	180元
85. 深海鮫治百病	廖玉山編著	180元
86. 神奇的蜂王乳	井上丹治著	180元
87. 卡拉OK健腦法	東潔著	180元
88. 卡拉OK健康法	福田伴男著	180元
89. 醫藥與生活(二)	鄭炳全著	200元
90. 洋蔥治百病	宮尾興平著	180元
91. 年輕10歲快步健康法	石塚忠雄著	180元
92. 石榴的驚人神效	岡本順子著	180元
93. 飲料健康法	白鳥早奈英著	180元
94. 健康棒體操	劉名揚編譯	180元
95. 催眠健康法	蕭京凌編著	180元

・實用女性學講座・電腦編號 19

1. 解讀女性內心世界	島田一男著	150元
2. 塑造成熟的女性	島田一男著	150元
3. 女性整體裝扮學	黃靜香編著	180元
4. 女性應對禮儀	黃靜香編著	180元
5. 女性婚前必修	小野十傳著	200元
6. 徹底瞭解女人	田口二州著	180元
7. 拆穿女性謊言88招	島田一男著	200元
8. 解讀女人心	島田一男著	200元
9. 俘獲女性絕招	志賀貢著	200元
10. 愛情的壓力解套	中村理英子著	200元
11. 妳是人見人愛的女孩	廖松濤編著	200元

・校園系列・電腦編號 20

1. 讀書集中術	多湖輝著	150元
2. 應考的訣竅	多湖輝著	150元
3. 輕鬆讀書贏得聯考	多湖輝著	150元
4. 讀書記憶秘訣	多湖輝著	150元

國家圖書館出版品預行編目資料

最新占術大全／高平鳴海等著，楊鴻儒編譯
——初版，——臺北市，大展，民87
面；21公分，——（命理預言；54）
譯自：占術—命、卜、相
ISBN 957-557-880-5（平裝）
1.術數 2.占卜
290 87013011

SENJUTSU MEI・BOKU・SOU
by N. Takahira, M. Matsushiro, N. Yoneya, Makiyama, K. Itoi and K. Ohbayashi Supervised by Narumi Takahira

First published in Japan in 1995 by Shinkigensha
Chinese translation rights arranged with Shinkigensha through Japan Foreign－Rights Centre/Hongzu Enterprise CO., LTD.

版權仲介／宏儒企業有限公司

最新占術大全

ISBN 957-557-880-5

著 作 者／高平鳴海、松代守弘、米谷信胡
牧山昌弘、系井賢一、大林憲司
編 譯 者／楊 鴻 儒
發 行 人／蔡 森 明
出 版 者／大展出版社有限公司
社 址／台北市北投區（石牌）致遠一路2段12巷1號
電 話／（02）28236031・28236033
傳 真／（02）28272069
郵政劃撥／0166955-1
登 記 證／局版臺業字第2171號
承 印 者／高星企業有限公司
裝 訂／日新裝訂所
排 版 者／弘益電腦排版有限公司
電 話／（02）27403609・27112792
初版 1 刷／1998年（民87年）10月
2 刷／1999年（民88年）1月

定 價／300元